仓储管理与库存控制

娄 熠◎著

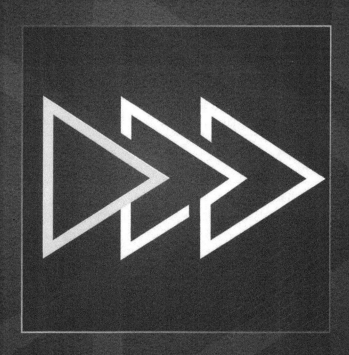

哈尔滨出版社
HARBIN PUBLISHING HOUSE

图书在版编目（CIP）数据

仓储管理与库存控制 / 娄熠著. -- 哈尔滨：哈尔
滨出版社，2025.1
ISBN 978-7-5484-7921-5

Ⅰ. ①仓… Ⅱ. ①娄… Ⅲ. ①仓库管理 Ⅳ.
①F253.4

中国国家版本馆 CIP 数据核字（2024）第 102689 号

书　　名：**仓储管理与库存控制**
CANGCHU GUANLI YU KUCUN KONGZHI

作　　者：娄　熠 著
责任编辑：滕　达

出版发行：哈尔滨出版社（Harbin Publishing House）
社　　址：哈尔滨市香坊区泰山路 82-9 号　邮编：150090
经　　销：全国新华书店
印　　刷：北京虎彩文化传播有限公司
网　　址：www.hrbcbs.com
E - mail：hrbcbs@ yeah.net
编辑版权热线：（0451）87900271　87900272
销售热线：（0451）87900202　87900203

开　　本：787mm×1092mm　1/16　印张：12　字数：228 千字
版　　次：2025 年 1 月第 1 版
印　　次：2025 年 1 月第 1 次印刷
书　　号：ISBN 978-7-5484-7921-5
定　　价：68.00 元

凡购本社图书发现印装错误，请与本社印制部联系调换。
服务热线：（0451）87900279

前　　言

在当今全球化的商业环境中,仓储管理与库存控制已成为企业运营的核心要素之一。对于任何一家企业而言,如何高效地管理仓库并控制库存,既关乎企业的成本支出,又直接影响到企业的运营效率和客户满意度。因此,深入研究和探讨仓储管理与库存控制,对于提升企业的整体竞争力具有重大的现实意义。仓储管理并不仅仅是简单的物品存放和保管,它涉及一系列复杂的过程和环节,包括物品的入库、存储、保管、拣选、出库以及配送等。在这个过程中,如何实现物品的高效流转,降低损耗,保证质量,是仓储管理面临的重要课题。而随着科技的进步和物流行业的发展,仓储管理的理念和手段也在不断地更新和升级。库存控制则涉及企业如何根据市场需求、产品特性、生产和销售周期等因素,合理地设定库存水平,避免过多的库存积压和过度的缺货现象。库存控制不仅需要考虑到单个企业的内部运营情况,更需要从供应链的整体角度出发,实现整个供应链的协同运作。仓储管理与库存控制两者之间存在着密切的联系。一个高效、合理的仓储管理系统,能够有效地降低库存成本,提高库存周转率,从而提升企业的整体效益。反之,库存控制策略的制定和实施,也需要充分考虑到仓储管理的实际情况和能力。只有将仓储管理与库存控制紧密结合,才能真正实现企业运营的高效化和精益化。

本书共八章,第一章为仓储管理与库存控制概述,在阐述仓储管理与库存控制的概念与内容后,介绍了仓储管理与库存控制的现状与发展方向。第二章为仓储设备管理,介绍了仓储设备的种类、特点及选择原则,并分别论述了货物装卸搬运设备和存储与分拣设备,最后阐述了仓储设备的管理。第三章为仓储作业流程管理,阐述了入库作业、在库作业和出库作业的管理,并介绍了仓储单证,最后论述了入库流程设计与管理。第四章为仓储管理经济分析,阐述了仓储成本与仓储成本管理、仓储业务收入、仓储经济核算指标及对仓储经济效益进行了分析。第五章为智能技术在仓储管理中的应用,主要包括自动化技术、人工智能技术、区块链技术和仓储管理系统在仓储管理中的应用,最后还介绍了虚拟仿真技术在仓储优化中的应用。第六章为库存控制与存货管理,首先介绍了牛鞭效应和库存管理目标,其次阐述了几种较新的仓储管理方法,包括定量与定期库存控制方法、ABC 库存控制法、EOQ 库存控制模型、

MRP 库存控制方法、JIT 库存控制方法以及供应链条件下的 VMI 库存管理方法。第七章为库存控制方法,介绍基本库存控制策略,然后论述了确定性需求和随机性需求的库存决策模型。第八章为物品养护与安全防护,阐述了物品的养护技术、物品的盘点,以及仓库安全管理。

本书适合相关专业教师与学生及研究人员使用。由于作者水平有限,书中难免存在不足之处,敬请读者批评指正。

编　者

2024 年 2 月

目　　录

第一章　仓储管理与库存控制概述

第一节　仓储管理与库存控制概述

一、仓储管理概述

(一)仓储管理的含义

仓储管理,又称为仓库管理,是指对仓库及仓库内的物资所进行的管理活动。它涵盖了仓库的规划、布局、设备选择、作业流程设计以及仓库内物资的入库、保管、出库等一系列活动。有效的仓储管理能够确保物资在需要时被迅速、准确地找到并取出,同时也要保证物资在存储期间不会损坏或丢失。

第一,仓储管理的主要任务是确保存储物品的安全和完整。这需要制定和执行一系列严格的管理制度和操作规程,包括物品的入库、存储、出库以及盘点等各个环节。在物品的存储过程中,要特别注意防止物品损坏、丢失或被盗。

第二,仓储管理还需要关注存储物品的效率和效益涉及仓库的布局、货架的设计、物品的摆放以及作业流程的优化等方面。通过合理的布局和设计,可以提高物品的存储密度,减少存储空间浪费,同时也能提高作业效率,降低成本。

第三,仓储管理还需要与企业的其他部门进行密切协作。例如,与采购部门合作,制订合理的库存计划;与销售部门合作,确保产品供应的及时性和准确性;与运输部门合作,确保货物的顺利出入库和配送等。

(二)仓储管理的性质

仓储管理,作为物流管理体系中的一项关键职能,具有一系列独特的性质,这些性质共同构成了仓储活动复杂而多维的内涵。

1. 动态与静态的结合

仓储管理既包含静态的物品保管过程,也包含动态的物品流动过程。静态性体现在物品在仓库中的长时间存储,需要确保物品的安全、完整和不变质;动态性则体现在物品的入库、出库、移库、盘点等作业环节,这些环节要求仓储管理具备高效、准确和灵活的特点。

2. 服务与成本的平衡

仓储管理的另一个重要性质是服务性与成本性的平衡。服务性体现在仓储活动需要满足客户的需求,包括及时、准确、安全地提供物品;成本性则体现在仓储活动需要控制成本,包括仓库租金、设备折旧、人工成本等。仓储管理需要在满足客户需求和控制成本之间找到一个平衡点。

3. 技术与管理的融合

仓储管理是一项技术与管理相结合的工作。技术性体现在仓储活动中运用了大量的现代物流技术和设备,如自动化立体仓库、无线通信技术、RFID 技术等;管理性则体现在仓储活动中需要运用科学的管理方法和手段,如 ABC 分类法、库存控制模型等。技术与管理的融合使得仓储管理更加高效、智能和灵活。

4. 系统与网络的协同

仓储管理不是孤立的,而是与整个供应链和物流系统紧密相连的。仓储活动需要与采购、生产、销售等其他环节进行协同,形成一个有机的整体。同时,随着物流网络的发展,仓储管理也需要实现跨地区、跨企业的协同作业,以满足全球化市场的需求。

(三)仓储管理分类

1. 按管理方式分类

(1)人工管理:主要依赖人工进行仓库的日常管理,包括物品的入库、存储、出库等环节。这种方式在信息化程度较低的时期较为普遍,但效率较低,容易出错。

(2)计算机管理:通过计算机系统进行仓储管理,包括库存管理、订单处理、报表生成等功能。这种方式提高了仓储管理的效率和准确性,是现代仓储管理的主要方式。

(3)自动化管理:在计算机管理的基础上,引入自动化设备和技术,如自动化货架、自动分拣系统等,实现仓储作业的自动化和智能化。

2. 按仓库类型分类

(1)普通仓库:用于存储普通货物,对仓库的设施和环境要求相对较低。

(2)冷藏仓库:用于存储需要保持低温或恒温的货物,如食品、药品等,需要对仓库进行特殊的温度控制。

（3）危险品仓库：用于存储危险品，如易燃易爆物品、化学物品等，需要对仓库进行特殊的安全防护措施。

（4）立体仓库：采用自动化货架和输送系统，实现货物的自动化存取和搬运，提高仓储作业效率。

（四）仓储管理的地位和作用

仓储管理在企业的整个供应链和物流体系中占据着至关重要的地位，发挥着不可或缺的作用。

1. 仓储管理的地位

仓储管理是供应链中的关键环节，连接着供应商、生产商、分销商和最终消费者。通过有效的仓储管理，企业能够确保产品在合适的时间和地点进行存储和配送，满足市场需求。物流管理涉及物品的运输、仓储、包装、配送等多个方面，而仓储管理则是物流管理的核心组成部分。高效的仓储管理能够确保物品的流动有序、快速，并降低物流成本。企业在制定发展战略时，仓储管理常常成为重要的决策因素。通过合理的仓库布局、资源配置和作业流程优化，企业能够提高运营效率，实现可持续发展。

2. 仓储管理的作用

（1）保障生产和销售的连续性。通过科学合理的仓储管理策略，企业能够确保原材料、零部件及产成品的充足供应，从而为生产过程的连续性提供有力保障。当原材料、零部件等物资出现短缺时，仓储管理能够迅速作出反应，采取有效的补货措施，避免生产线的停工。同时，对于产成品，仓储管理能够确保产品在合适的时间和地点进行存储和配送，满足市场需求，避免因缺货导致的销售损失。这种连续性的保障不仅有助于提高企业的生产效率，还能增强客户的满意度和忠诚度，为企业的长期发展奠定坚实基础。

（2）成本控制和优化。高效的仓储管理不仅是生产和销售连续性的保障，更是企业成本控制和优化的重要手段。通过合理规划和有效管理，企业能够显著降低库存成本，减少不必要的仓储设施租赁费用。此外，仓库内部资源的优化配置，如合理安排货位、提高仓储空间的利用率等，也能为企业节省大量成本。更为重要的是，仓储管理能够减少冗余库存和浪费现象，避免库存积压和过期产品导致的资金占用和损失。通过降低运营成本、提高库存周转率，企业能够实现整体经济效益的提升，为企业的可持续发展奠定坚实基础。因此，企业应重视仓储管理在成本控制和优化方面的作用，不断优化仓储管理体系，提高仓储管理的效率和效益。

(3)提升客户满意度。快速、准确的产品供应对于提高客户满意度至关重要。在竞争激烈的市场环境中,客户对于产品的时效性和准确性有着越来越高的要求。通过良好的仓储管理,企业能够确保产品及时、准确地送达客户手中,满足客户的期望和需求。这种高效的产品供应不仅能够提高客户满意度,还能增强客户对企业的信任和忠诚度。当客户对企业的服务感到满意时,他们更有可能进行再次购买或推荐给亲友,从而为企业带来更多的商机和口碑。因此,企业应重视仓储管理在客户满意度提升方面的作用,不断提升仓储管理的水平,为客户提供更优质的服务体验。

(4)风险管理。仓储管理不仅关乎物资的妥善保管,还涉及严密的安全防范措施。通过实施有效的仓储管理策略,企业能够显著减少物品在存储过程中因损坏、盗窃或变质等原因造成的损失。这种管理不仅确保了企业资产的安全,还有助于维护企业的正常运营和声誉。

(5)优化库存结构。科学的仓储管理不仅局限于库存的日常运作,而是更进一步地关注库存结构的优化。通过对高、低库龄产品进行合理配置,企业能够减少滞销库存,提高库存周转率。这不仅降低了库存积压风险,还为企业节约了仓储成本,提升了整体运营效率。

(6)协同与信息共享。在现代供应链环境中,仓储管理已不再局限于单个企业的内部事务,而是延伸至整个供应链的协同运作。随着信息技术的发展,企业能够通过电子数据交换(EDI)、企业资源计划(ERP)和供应链管理(SCM)等系统实现库存数据的实时更新与共享。这大大提高了整个供应链的透明度,使得各节点企业能够及时了解库存状况,协同制定补货策略,提高响应速度。这种协同运作不仅降低了库存成本和缺货风险,还增强了整个供应链的竞争力。因此,企业应积极运用信息技术,加强与供应链上其他企业的合作与沟通,实现仓储管理的现代化和高效化。

二、库存控制概述

(一)库存控制的含义

库存控制是指对企业库存量和库存结构进行规划、协调和控制的一系列活动。其目的是在满足客户需求的前提下,尽可能降低库存水平,减少库存成本,提高资金周转率。

库存控制的核心在于找到一个平衡点,即在满足客户需求和降低库存成本之间找到一个最佳的结合点。为此,企业需要综合考虑多个因素,如需求预测、补货策略、库存模型等。

（二）库存控制分类

1. 按库存物品类型分类

（1）原材料库存控制：主要针对生产所需的原材料进行库存控制，包括确定适当的库存量、补货计划、库存位置等，以确保生产过程的连续性和成本控制。

（2）在制品库存控制：针对生产过程中的半成品进行库存控制，目的是保持生产流程的顺畅，避免过多的在制品积压。

（3）成品库存控制：对最终产成品进行库存控制，重点在于预测市场需求、制订销售计划以及合理安排库存位置，以避免缺货和降低库存成本。

2. 按库存控制策略分类

（1）定量库存控制：采用固定数量的库存策略，当库存量降至预设的最低水平时，即启动补货程序。这种策略适用于需求量相对稳定、产品种类较少的场合。

（2）定期库存控制：按照固定的时间间隔进行库存检查和调整。这种策略适用于需求量变化较大、产品种类较多的场合，能够更好地适应市场需求的变化。

（3）ABC 分类法：根据物品的重要性和价值进行分类，对重要的少数物品实行重点控制，而对不太重要的多数物品则实行一般控制。这种策略有助于提高库存管理的效率和效果。

3. 按库存管理层次分类

（1）基层作业管理：关注日常库存作业的执行，包括入库、出库、移库、盘点等环节，确保库存数据的准确性和及时性。

（2）中层管理：在基层作业管理的基础上，引入库存控制策略和优化方法，如需求预测、补货计划、安全库存设置等，以实现库存水平的合理化和最优化。

（3）高层规划管理：对整个企业的库存管理体系进行战略规划和设计，包括仓库布局、设备配置、作业流程优化等，以提高整个企业的库存管理效率和效益。

（三）库存控制的作用

库存控制作为供应链和物流管理中的一项核心活动，具有多重作用，对于企业的运营效率和经济效益具有显著影响。

1. 供需平衡调节

库存控制是企业运营中的一项重要任务,其首要作用是调节供应与需求之间的矛盾。由于市场需求存在不确定性,而生产供应相对稳定,两者在时间和数量上经常出现不匹配的情况。这种矛盾的存在可能导致生产中断、缺货等问题,进而影响企业的运营效率和客户满意度。库存控制通过一系列策略和手段,有效地平衡了这种供需矛盾。它运用需求预测方法,对未来市场需求进行科学的预测,为生产和库存管理提供依据。此外,库存控制还通过设置安全库存来应对短期需求波动,确保产品供应不中断。同时,制定科学的补货策略也至关重要,根据实际需求和库存状况,及时调整采购和生产计划,以满足市场需求。通过这些手段,库存控制不仅确保了产品的及时供应,还为企业带来了稳定的业绩和客户满意度。

2. 成本控制

库存持有成本是企业运营成本中不容忽视的一部分,它涵盖了资金占用、仓储费用、库存损耗等多个方面。然而,通过精确的需求预测和库存控制策略,企业可以有效降低库存持有成本。首先,需求预测能够为企业提供对未来市场需求的准确判断,从而制订合理的生产和库存计划,避免库存积压和冗余。这有助于减少不必要的资金占用和仓储费用,降低库存损耗。此外,库存控制还注重优化补货批量和补货时机。通过合理安排采购和运输计划,企业可以在满足生产需求的同时降低采购成本和运输成本。这些成本控制措施有助于企业提高整体经济效益,为可持续发展奠定坚实基础。因此,精确的需求预测和库存控制策略对于降低库存持有成本具有重要意义。

3. 服务水平提升

库存控制不仅关乎企业的成本与效率,更直接影响着客户服务水平。在现代市场竞争中,客户对于产品的时效性和可得性有着越来越高的要求。保持适当的库存水平意味着企业能够迅速响应市场需求,确保产品及时送达客户手中。这直接减少了缺货现象,提高了订单满足率,从而为客户提供更好的购物体验。当客户的需求得到满足时,他们更有可能对企业的产品和服务产生信任和忠诚度。这不仅增强了客户的满意度,还有助于企业在激烈的市场竞争中树立良好的市场形象。因此,库存控制对于提高客户服务水平、增强客户忠诚度和促进企业市场拓展具有重要意义。

4. 风险管理

库存控制不仅是对物品数量和存储的管理,更深入地涉及对供应链中各种不确定性的有效应对。面对供应链中断、价格波动、运输延误等潜在风险,企业通过多元化采购策略来分散风险,确保物料来源的稳定性。同时,紧密的供应商管理也是关键,它强化了与供应商的合作关系,提高了供应链的可靠性。库存的分散化存储同样有助于降低地域性风险。此外,针对易损、易过期等具有特殊性质的物品,库存控制采用先进先出(FIFO)等策略,确保物品在有效期内被优先使用,从而最大限度地减少损失,提升库存管理的整体效益。

5. 信息集成与决策支持

在现代企业中,库存控制系统已经不再是孤立的环节,而是与企业的其他信息系统紧密集成,共同构建一个高效的信息生态系统。这些信息系统包括企业资源计划(ERP)、供应链管理(SCM)、客户关系管理(CRM)等。通过集成,库存控制系统能够实时获取来自其他系统的数据和信息,从而更好地掌握市场需求、生产计划、物流运输等方面的动态。这不仅提高了库存控制的准确性和及时性,还使其成为企业信息流的重要组成部分。企业决策者可以基于库存控制系统提供的数据支持,做出更加科学、合理的战略决策。同时,在日常运营中,库存控制也能为企业提供实时的库存状况、订单执行情况等信息,帮助企业快速应对市场变化和客户需求,提高运营效率。因此,与各信息系统的紧密集成使库存控制成为企业核心竞争力的重要组成部分。

6. 协同与供应链优化

随着全球化和供应链管理的不断发展,库存控制已经超越了单个企业的边界,成为供应链上各企业协同合作的重要环节。过去,每个企业独立管理自己的库存,导致资源浪费和效率低下。然而,现代库存控制理念倡导供应链上的库存共享、联合补货和协同预测等策略。通过这些策略,企业之间能够实现信息共享和资源整合,从而更好地应对市场变化和客户需求。库存共享有助于减少重复库存和降低库存成本;联合补货则能提高补货的准确性和及时性,减少缺货风险;协同预测则帮助企业更好地预测市场需求,制订更为合理的生产和库存计划。这些策略的实施不仅提高了供应链的响应速度和灵活性,还有助于降低整个供应链的成本,增强供应链的竞争力。因此,企业应积极与供应链上的合作伙伴建立紧密的合作关系,共同实施库存控制策略,实现供应链的整体优化。

第二节　仓储管理与库存控制的内容

一、仓储管理

(一)仓储管理的概念

仓储管理,其核心内涵是针对企业的各类物资、商品或原材料等,在存储环节进行科学、系统和高效的组织、规划、控制与优化的过程。它涵盖了从物资入库、储存、保管到出库等一系列流程的精细化管理,目的是确保物品在流通过程中的安全、完整,同时提高空间利用率,降低成本,保障供应链的稳定运行。

1. 仓储管理的关键在于库存控制

管理者需精确预测需求量,制订合理的采购计划以避免过度库存导致的资金积压,或者缺货引发的生产停滞。通过对实时库存数据的动态监控,可以实现对库存水平的有效调控,进而满足市场需求的快速响应,提升企业运营效率。

2. 仓储管理强调的是空间布局与设施设备的优化配置

科学合理的仓库布局设计能够最大化地利用存储空间,减少搬运成本,提高拣选效率。此外,引入现代化仓储设备和技术,如自动化立体仓库、条形码识别、RFID 技术等,能有效提升仓库作业效率,降低人工错误率,实现仓储管理的智能化、信息化。

3. 良好的仓储管理还体现在货物的安全保管与质量维护上

严格遵守各类物资的存放条件和要求,采取必要的防潮、防火、防盗措施,定期进行盘点检查,及时处理异常情况,保证货物品质不受损,这对于食品、医药等对保质期和存储环境有特殊要求的行业尤为重要。

4. 上下游合作伙伴的信息共享和协同合作

仓储管理与物流配送、生产计划等其他环节紧密相连,形成企业内部乃至整个供应链的一体化运作。高效的仓储管理能够缩短订单处理周期,加速货物周转,从而增强企业的市场竞争力。同时,通过与上下游合作伙伴的信息共享和协同合作,能够进一步优化供应链的整体效能,实现资源的最大化利用。

(二)仓储管理的任务

1. 充分利用市场经济手段合理配置仓储资源

在仓储管理领域,资源的合理配置是一个关键问题。随着市场经济的发展,合理利用市场经济手段进行仓储资源配置显得尤为重要。市场经济手段主要包括价格机制、供需关系、市场竞争等,这些手段对于优化仓储资源配置、提高资源利用效率和促进企业发展具有重要作用。首先,价格机制是市场经济中最重要的资源配置手段之一。在仓储行业中,价格机制同样发挥着重要作用。企业可以根据市场供求关系和竞争状况,合理制定仓储服务的价格,以吸引客户并实现利润最大化。同时,价格机制还可以引导企业合理分配资源,优化仓储设施的布局和运营模式,提高仓储效率。其次,供需关系也是市场经济手段中的重要因素。在仓储资源配置中,企业需要关注市场需求和供应变化,根据市场需求调整仓储服务的供给量。通过合理的供需管理,企业可以更好地满足客户需求,提高客户满意度,同时避免资源的浪费和过度投资。市场竞争也是市场经济手段中的重要方面。在仓储行业中,市场竞争的存在可以促使企业不断提高服务质量、降低成本、创新管理模式,以获得竞争优势。企业可以通过市场调查和竞争对手分析,了解市场动态和竞争状况,制订合适的竞争策略,提高自身竞争力。

为了更好地利用市场经济手段进行仓储资源配置,企业需要采取一系列措施。一方面,企业需要加强市场研究,了解客户需求和市场动态,以便更好地制订资源配置策略。另一方面是加强人才培养和团队建设,提高员工素质和管理水平。

2. 组建高效率仓储管理组织,提高管理水平

(1)明确各个岗位的职责和任务,确保每个成员都清楚自己的工作内容和工作目标。在此基础上,合理分配人力资源,根据仓库规模、货物种类、作业量等因素设置足够的人员数量,并做好人员搭配和职能划分,以提高工作效率。

(2)传统的仓储管理模式往往存在层级多、沟通不畅等问题,导致决策缓慢、反应迟钝。因此,应该采取扁平化、网络化的组织结构,减少管理层级,加强信息传递和反馈,使决策更加迅速、准确。同时,还要注重跨部门协作,加强与其他部门的沟通和合作,共同推动仓储管理工作的发展。

(3)良好的沟通是提高工作效率和质量的关键。仓储管理部门应该建立健全的内部沟通机制,如定期召开会议、建立微信群等,及时了解员工的工作情况、遇到的问题和所提的建议,促进信息的共享和问题的解决。此外,还要

加强与外部合作伙伴的沟通交流,了解市场动态和行业趋势,为企业的可持续发展提供有力支持。而且,仓储管理是一门专业性很强的业务,要求管理人员具备丰富的物流知识和实践经验。因此,企业应该重视人才培养,通过培训、引进高素质人才等方式,打造一支专业化、高效化的仓储管理团队。同时,还要关注行业发展趋势,不断更新知识体系和管理理念,保持团队的竞争力和创新力。另外,信息管理系统是提高仓储管理水平的重要手段之一。通过引进先进的 WMS、TMS 等系统软件,可以实现货物的自动化入库、出库、盘点等功能,提高数据处理的效率和准确性,并为决策提供有力的数据支持。同时,还能实现实时的数据分析和报表生成,为企业提供宝贵的参考依据。

3. 开展仓储经营活动,满足社会需要

随着全球化和市场经济的不断发展,仓储经营活动在社会经济体系中的地位逐渐凸显。作为连接生产与消费的重要环节,仓储经营活动的有效开展对于满足社会需求、保障经济秩序和推动经济发展具有重要意义。首先,仓储经营活动是满足社会需求的重要手段。在现代社会,人们的生产与生活需求日益多样化,对商品的种类、品质和时效性提出了更高的要求。通过开展高效的仓储经营活动,企业能够实现对商品的集中储存、管理和配送,确保商品的质量和流通效率,从而满足消费者的多元化需求。同时,仓储经营者在提供服务过程中也能够根据市场需求进行有针对性的优化和创新,提升服务水平,进一步满足社会需求。其次,仓储经营活动对于保障经济秩序具有重要作用。在市场经济中,生产和消费的分离使得商品需要在时间和空间上进行有效的调度和配置。仓储经营者通过合理的商品储存和流通管理,能够有效避免商品的过度积压和浪费,降低库存成本,提高市场响应速度。同时,仓储经营者还承担着商品质量监管的责任,通过严格的质量控制和监管,保障市场经济的公平性和秩序性。

4. 以较低成本组织仓储活动,提高经济效益

在现代企业的运营环境中,仓储管理作为连接生产和销售的关键环节,其成本控制与经济效益的提升具有深远影响。实现以较低成本组织仓储活动,并在此基础上提高经济效益,是企业优化内部流程、增强市场竞争力的重要途径。首要任务在于精细化库存管理。这意味着需要精确预测需求、合理制订采购计划以及严格控制库存量,避免过度库存造成的资金占用和存储成本增加,同时也要防止缺货导致的生产停滞和商机流失。通过采用先进的库存管理系统,实时监控库存动态,依据数据分析进行精准补货,能够显著降低库存持有成本,从而提高整体的资金周转率和经济效益。其次,优化仓库空间布局

与设施配置是降低成本的有效手段。科学规划仓库区域划分,充分考虑货物特性、出入库频次等因素,合理设计存储方案,可有效利用每一寸空间,减少不必要的搬运和寻找时间成本。同时,引入自动化和智能化设备,如自动化立体仓库、智能拣选系统等,可以大幅提高作业效率,降低人工成本,使仓储活动更加经济高效。再者,合理的物流策略也对降低成本至关重要。通过整合运输资源,优化配送路线,实施集中采购和批量运输,可以大幅度降低单位物资的运输成本。此外,建立健全的供应商管理机制,与供应链上下游形成良好的合作关系,共享库存信息,协同运作,也有助于降低整个仓储物流链的成本。另外,完善的维护保养和安全管理措施也是节约仓储成本、提高经济效益不可忽视的一环。定期检查和维护仓库设施设备,及时排除安全隐患,不仅有利于延长资产使用寿命,减少维修费用,而且能有效防止因安全事故引发的经济损失。同时,严格执行物品保管标准,确保商品质量,减少因储存不当带来的损耗,也能从源头上降低成本。

5. 以"优质服务、诚信原则"加强自身建设,树立企业的良好形象

在当今竞争激烈的市场环境中,企业形象的树立对于其生存与发展至关重要。而优质的服务和诚信原则,作为企业形象的两大支柱,对于赢得客户信任和忠诚是关键。在消费者需求日益多样化、个性化的今天,企业必须提供卓越的服务以满足客户期望。优质服务不仅能提高客户满意度,还能为企业创造口碑效应,进而拓展市场份额。为了实现优质服务,企业需不断优化服务流程、提高服务人员的专业素质,并积极运用先进的技术手段提升服务质量。同时,企业还需关注服务的个性化和差异化,以满足不同客户群体的特定需求。诚信原则是企业稳定发展的基石。在商业活动中,诚信意味着遵守承诺、诚实守信、公正交易。企业坚守诚信原则,不仅有利于维护良好的客户关系,还能为企业树立稳健可靠的形象,吸引更多的合作伙伴。诚信原则要求企业在经营活动中做到信息公开透明、不欺诈隐瞒,同时积极履行社会责任,维护市场公平秩序。

首先,企业需要构建完善的内部管理体系,确保服务质量和诚信原则在日常经营中得到有效执行。这包括制定明确的服务标准和行为准则,建立监督机制以监测员工行为。其次,企业应重视员工培训和教育,培养员工的服务意识和诚信观念。通过定期开展相关培训和案例分享,使员工深入理解优质服务与诚信原则的重要性。最后,企业还应积极寻求外部认证和合作,借助权威机构的力量提升自身的服务质量和诚信水平。

6. 与时俱进,推行制度化、科学化的先进机制,不断提高管理水平

随着经济的快速发展和市场竞争的加剧,仓储管理作为企业运营的重要

环节,其重要性日益凸显。为了适应市场的变化和满足企业的需求,仓储管理需要与时俱进,推行制度化、科学化的先进机制,不断提高管理水平。制度化是仓储管理的基础。通过制定完善的规章制度和工作流程,企业可以确保仓储活动的规范化、标准化和高效化。在制度化建设中,企业应明确各部门职责和权限,建立权责分明的管理体系。同时,企业还应制定详细的操作规程和工作指南,规范员工的操作行为,提高作业效率。此外,企业应建立健全的监督和考核机制,对员工的工作表现进行客观、公正的评估,激励员工积极投入工作,提高工作质量。科学化是仓储管理的核心。在仓储管理中,企业应运用科学的方法和技术手段,提高管理的智能化和精细化水平。首先,企业应加强信息化建设,利用物联网、大数据、人工智能等技术手段,实现仓储数据的实时采集、分析和处理。通过数据分析,企业可以更好地掌握库存状况、优化库存结构、降低库存成本。其次,企业应引入先进的仓储管理系统,如仓库管理系统(WMS)、物流管理系统(LMS)等,实现仓储作业的自动化和智能化。这不仅可以提高作业效率、减少人为错误,还可以降低人力成本、提升管理效益。

(三)仓储管理的基本原则

效率原则是仓储管理的基石。在竞争激烈的市场环境中,企业必须以高效的方式运营,才能在市场中立足,仓储管理作为企业运营的重要环节,其效率直接影响到企业的整体运营效率和竞争力。因此,企业需要采取一系列措施来提高仓储管理的效率。首先,企业应合理规划仓库布局,减少商品在仓库内的搬运距离和时间。其次,企业应引入先进的仓储管理系统和技术,如采用自动化设备、物联网技术等,以提高仓储作业的自动化和智能化水平。此外,企业还应加强员工培训和团队建设,提高员工的专业素质和工作效率。通过这些措施的实施,企业可以大大提高仓储管理的效率,从而降低运营成本,提高市场竞争力。

效益原则是仓储管理的另一个重要原则。仓储管理不仅要求效率高,更要能带来良好的效益。在实践中,企业需要综合考虑仓储成本和收益之间的关系,制定合理的仓储策略。首先,企业应合理控制仓储成本,包括人力成本、设备成本、场地成本等。其次,企业应关注仓储收益的优化,如通过合理的库存控制和销售预测,降低库存积压和滞销风险,提高库存周转率。同时,企业还应根据市场变化和竞争态势,及时调整仓储策略和经营模式,以实现更好的效益。

服务原则是仓储管理的根本宗旨。仓储管理作为企业供应链管理的重要组成部分,其最终目的是为客户提供优质的服务。企业应将客户的需求和满意度放在首位,不断优化仓储服务质量和水平。首先,企业应建立完善的客户服务体系,及时了解客户的反馈和需求,对服务进行持续改进。其次,企业应提供个性化的服务方案,满足不同客户群体的特殊需求。此外,企业还应积极采用先进的物流技术和信息化手段,提高订单处理速度和配送效率,确保客户能够及时获得所需的商品和服务。同时,企业应重视售后服务和客户关系维护,通过建立客户忠诚度和口碑效应,进一步提高仓储服务的质量和市场竞争力。

二、库存控制

(一)库存控制的重要意义

在传统的库存管理模式下,企业往往采用"安全库存"的方式来应对市场需求的不确定性。然而,这种模式会导致库存积压和滞销现象,增加企业的库存成本。通过实施科学的库存控制策略,企业可以精确地预测市场需求,并合理安排生产和采购计划,从而降低库存成本,提高企业的盈利能力。而客户满意度是企业的核心竞争力之一,而库存控制是保障客户需求得到及时满足的关键因素之一。通过合理的库存安排,企业可以确保产品供应的稳定性和及时性,提高客户满意度。同时,有效的库存控制还可以避免缺货现象的发生,为企业赢得更多客户的信任和支持。在激烈的市场竞争中,企业需要不断推陈出新,满足客户的需求和喜好。通过科学的库存控制策略,企业可以合理安排新产品的上市时间和数量,避免产品积压和滞销现象的发生。同时,企业还可以根据市场反馈和销售数据调整产品结构,提高产品质量和竞争力。

此外,库存管理涉及多个部门和多方利益相关者,需要企业进行高效的协调和管理。通过实施科学的库存控制策略,企业可以明确各部门职责和分工,建立完善的沟通机制和协作流程。这不仅可以提高企业内部的管理效率,还可以加强企业与供应商和客户的合作关系,实现共赢发展。因而,企业一方面应建立科学的库存管理制度和流程,明确各部门职责和工作要求。另一方面,企业应加强市场调研和数据分析,准确预测市场需求,制订合理的生产和采购计划。同时,企业还应建立完善的仓储和物流体系,确保产品的及时交付和运输。

(二)库存控制的目标

企业持有库存会直接带来存储费用、资金占用成本以及潜在的库存损耗或贬值风险。因此,企业需通过精确的需求预测、合理的安全库存设定和适时的补货策略来有效抑制过度库存。采用先进的信息技术,例如运用 ERP 系统进行实时数据追踪和分析,可帮助企业动态调整库存水平,避免因需求波动导致的库存积压或短缺,从而显著减少库存持有成本,并提升资金周转效率。然而,企业在追求降低库存成本的同时,也不能忽视客户服务的重要性。优质的客户服务表现为对客户需求的快速响应和高满意度,而这在很大程度上依赖于企业能否保证商品供应的稳定性和及时性。因此,库存控制必须兼顾满足客户需求的速度与准确度,避免因过度削减库存而影响订单履行效率,造成缺货现象,损害客户关系和企业声誉。这就需要建立灵敏且高效的供应链管理系统,借助大数据分析和智能算法精准预测需求变化,确保在满足客户需求的前提下,将库存维持在最优水平。此外,实施协同计划、预测与补给(CPFR)等先进的供应链管理模式,加强与供应商及分销商的信息共享和协作,可以进一步优化库存结构,提高整个供应链的反应速度和灵活性,从而在降低成本的同时提升客户服务水平。

(三)库存控制方法的评价指标

库存控制方法的评价指标是衡量企业库存管理水平及其优化效果的关键依据,它为企业提供了判断库存管理策略是否有效、能否实现成本降低和效率提升的重要参考。针对不同的库存控制方法,我们需要关注以下几个核心评价指标:首先,库存周转率是评估库存运营效率的核心指标之一,它反映了企业在一定时期内库存商品的周转速度。较高的库存周转率意味着企业能够更快地将库存转化为销售收入,从而降低了资金占用成本,并可能暗示着企业对市场需求变化反应迅速,供应链管理高效。其次,缺货率和补给周期时间共同体现了企业的客户服务能力和供应稳定性。缺货率是指在规定的时间段内,由于库存不足而导致无法满足客户需求的商品种类或数量占商品总种类或总需求量的比例;而补货周期时间则指从发出补货订单到收到新货物所需的时间。这两项指标要求企业在追求低库存的同时,确保能满足客户需求,避免因库存不足导致的客户满意度下降。再者,安全库存水平与订货点是衡量库存控制策略风险防范能力的两个关键参数。合理的安全库存有助于缓冲需求波动带来的影响,防止断货;而准确的订货点设定则可保证及时补充库存,减少过度库存的风险。通过监控这两个指标的变化,企业可以持续调整库存策略,以达到供需平衡的状态。另外,库存持有成本涵盖了存储、保险、损耗等多方面成本,以及因库存积压造成的资金机会成本。有效地控制库存持有成本,既能反映企业库存管理效率,也是评价库存控制方法优劣的重要经济指标。

另外,协同预测精度和供应链响应速度作为更高级别的评价指标,主要针对采用先进库存管理模式如协同计划、预测与补给的企业。精准的协同预测有助于预防供需失衡,提高库存周转率,而快速的供应链响应能帮助企业抓住市场机遇,增强竞争力。

(4)库存控制的关键点

库存控制是企业管理中的核心环节,对于企业的运营效率和成本控制具有至关重要的作用。在当今快速变化的市场环境下,库存控制面临着诸多挑战。为了实现有效的库存管理,企业需要抓住库存控制的关键点。首先,市场需求的不确定性是导致库存积压和缺货的主要原因之一。企业应通过市场调研、销售数据分析和趋势预测等手段,准确把握市场需求的变化,为库存计划提供可靠的数据支持。通过精确预测市场需求,企业可以合理安排生产和采购计划,降低库存成本,提高库存周转率。为了实现精确预测,企业可以采用先进的预测方法和工具。例如,利用大数据和人工智能技术对历史销售数据进行分析,识别市场需求的变化趋势;利用统计学方法建立预测模型,提高预测的准确性和可靠性。同时,企业还应关注市场动态和竞争状况,及时调整预测模型和策略,以适应市场的变化。

其次,企业还需要建立完善的沟通机制和协作流程,确保各部门之间的信息共享和协同工作。通过协同策略,企业可以避免因信息不畅或沟通障碍导致的库存积压和缺货现象,提高整个供应链的运作效率。为了实现协同策略,企业可以采取一系列措施。例如,建立跨部门协作团队,负责制订库存计划、协调生产和物流等环节;建立信息共享平台,实时更新库存数据和销售信息,确保各部门能够及时获取准确的数据。

最后,企业应根据自身实际情况和发展需求,合理配置人力资源、物力资源和财力资源,确保库存管理的顺利进行。在资源配置方面,企业应注重提高资源利用效率,避免浪费现象的发生。市场环境和竞争状况不断变化,企业应不断改进和创新库存管理策略和措施,以适应市场的变化和发展需求。例如,采用先进的库存控制技术和工具,提高库存管理的智能化和精细化水平;创新管理模式和业务流程,提高管理效率和协同能力;关注行业发展趋势和市场动态,积极探索新的商业模式和竞争优势。

第三节　仓储管理与库存控制的现状及发展方向

一、仓储管理的现状与发展方向

（一）仓储管理的现状

仓储管理作为企业运营中的重要环节,其现状和发展趋势受到了广泛的关注。随着经济的全球化和市场竞争的加剧,仓储管理面临着诸多挑战和机遇。

1. 技术应用与集成

尽管信息技术在仓储管理中得到了广泛应用,但许多企业仍面临着技术应用不充分、系统集成度低的问题。不同信息系统之间缺乏有效的数据交互和信息共享,导致信息孤岛现象普遍存在。这不仅影响了仓储作业的效率和准确性,还制约了企业决策的及时性和科学性。

2. 供应链协同与信息共享

仓储管理作为供应链管理的重要组成部分,需要与上下游企业进行紧密的协同与信息共享。然而,目前许多企业在供应链协同方面存在不足,如信息传递不准确、不及时、不透明等。这可能导致供应链的响应速度慢、协调成本高,不利于企业的整体运营和发展。

3. 环境问题与可持续性挑战

随着社会对环境保护的日益关注,仓储管理中的环境问题也逐渐凸显。例如,部分企业仍在使用对环境有害的物料和包装材料,仓储设施的建设和运营也可能对环境造成一定的影响。因此,如何在实现仓储管理效率提升的同时,降低对环境的影响,是当前面临的重要挑战之一。

（二）仓储管理的发展方向

1. 数字化与智能化

随着物联网、大数据、人工智能等技术的不断发展,仓储管理的数字化与智能化已成为未来的重要趋势。通过引入先进的感知设备、智能算法和数据分析技术,仓储管理将实现自动化、智能化的升级,提高作业效率和准确性。数字化与智能化的发展将有助于企业更好地应对市场变化,提升竞争力。

2. 绿色与可持续发展

面对日益严峻的环境问题,绿色与可持续发展已成为仓储管理的必然要求。企业需要关注环保材料、节能设备、废弃物回收等方面的应用,降低仓储活动对环境的影响。同时,合理规划仓储布局、提高空间利用率、优化配送线路等措施也将有助于实现绿色发展目标。绿色与可持续发展将有助于企业树立良好的社会形象,提升品牌价值。

3. 供应链协同与网络化

仓储管理作为供应链管理的重要组成部分,未来的发展方向将更加注重与上下游企业的协同与网络化。通过建立紧密的合作关系,实现信息共享、预测与计划协同、库存协同等目标,提高整个供应链的效率和灵活性。供应链协同与网络化将有助于企业更好地应对市场变化,降低成本,提升竞争力。

4. 个性化与定制化服务

随着消费者需求的多样化,仓储管理需要提供更加个性化与定制化的服务来满足客户需求。企业可以根据客户的特殊需求,提供定制化的仓储解决方案,如定制化的仓库布局、特殊货物的存储和配送等。同时,借助数据分析技术,企业可以更好地了解客户需求,提供更加精准的服务。个性化与定制化服务将有助于企业提高客户满意度,拓展市场份额。

5. 标准化与规范化发展

随着仓储行业的不断发展,标准化与规范化将成为未来发展的重要方向。企业需要遵循国家和行业的法规标准,加强内部管理,确保仓储活动的规范化操作。同时,积极参与制定和推广行业标准,推动仓储管理的标准化进程。标准化和规范化将有助于提高仓储管理的效率和质量,提升行业的整体水平。

二、库存控制的现状及发展方向

(一)库存控制的现状

库存控制作为仓储管理中的核心环节,其现状在很大程度上反映了整个仓储行业的发展水平和面临的挑战。

1. 库存结构不合理

当前,许多企业在库存控制方面存在库存结构不合理的问题。具体表现为库存物资的品种、规格和数量与市场需求脱节,导致部分产品库存积压、滞销,而部分产品则出现缺货现象。这不仅影响了企业的销售业绩,还增加了库存成本和资金占用成本。

2. 库存周转率低

库存周转率是衡量企业库存管理水平的重要指标之一。然而,当前许多企业的库存周转率普遍偏低,这意味着企业的库存管理效率不高,可能导致资金占用和库存成本的增加。企业需要加强库存计划和调度管理,提高库存周转率,降低库存成本。

3. 缺乏有效的信息共享与协同

在供应链管理环境下,库存控制需要与上下游企业进行有效的信息共享与协同。然而,目前许多企业与供应商、分销商等合作伙伴之间的信息传递存在不准确、不及时、不透明的问题。这可能导致需求预测不准确、库存计划不合理、补货不及时等现象,影响整个供应链的效率和响应速度。

4. 缺乏科学的需求预测方法

需求预测是库存控制的关键环节之一。然而,目前许多企业在需求预测方面缺乏科学的方法和手段,主要依靠经验和个人判断。这可能导致预测不准确、库存控制不合理、缺货或滞销等问题。企业需要引入科学的需求预测方法,结合历史数据和市场趋势进行预测,提高预测的准确性和可靠性。

5. 缺乏精细化的库存管理措施

精细化的库存管理措施是提高库存控制水平的重要手段。然而,目前许多企业在库存管理方面缺乏精细化的措施,如未根据物资特性进行分类管理、未建立合理的安全库存水平、未实施定期盘点和检查制度等。这可能导致物资损坏、过期、丢失等现象,影响企业的正常生产和经营。

(二)库存控制的发展方向

库存控制的发展方向是多元化和动态化的,它不仅涉及技术的进步,也涉及管理理念的更新。

1. 智能化库存控制

随着人工智能、机器学习等技术的发展,智能化库存控制将成为未来的重要趋势。企业可以利用智能算法和数据分析技术对库存数据进行深度挖掘,实现库存预测、补货计划、智能调度等功能。智能化库存控制能够提高库存管理的准确性和效率,降低库存成本和缺货风险。

2. 协同化库存控制

在供应链管理环境下,协同化库存控制是提高整个供应链效率和响应速度的关键。企业需要与供应商、分销商等合作伙伴建立紧密的合作关系,实现信息共享、需求预测、库存计划等方面的协同。通过协同化库存控制,企业可以更好地应对市场变化,降低成本,提升竞争力。

3. 精细化库存控制

精细化库存控制是提高库存管理水平和降低库存成本的重要手段。企业需要针对不同的物资特性和市场需求,制定精细化的库存管理策略,如分类管理、安全库存设定、定期盘点和检查等。通过精细化库存控制,企业可以更好地平衡库存和销售的关系,提高库存周转率和资金使用效率。

4. 可视化库存控制

可视化库存控制是通过信息技术手段实现库存信息的实时更新和共享,提高库存管理的透明度和可监控性。企业可以通过建立库存管理信息系统,实现库存数据的实时采集、处理和分析,同时与相关业务部门进行信息共享和交互。可视化库存控制有助于提高管理效率和决策的科学性。

5. 绿色化库存控制

面对环保需求的日益增长,绿色化库存控制将成为未来发展的必然趋势。绿色化库存控制有助于提升企业的社会形象和品牌价值。

三、库存控制策略的演进

(一)基于大数据和预测分析的库存计划

库存控制策略的演进在很大程度上反映了技术和管理理念的发展。随着大数据和预测分析等技术的兴起,库存计划已经发生了深刻的变化。

1. 从经验判断到数据驱动的转变

传统的库存计划主要依赖于经验判断和简单的数据分析。然而,随着大数据技术的出现,企业可以收集并分析更多的历史数据和市场信息,为库存计划提供更为精准的依据。通过大数据分析,企业可以深入挖掘市场需求、销售趋势、库存消耗等方面的规律,为预测未来的需求和库存变化提供支持。

2. 预测分析在库存计划中的应用

预测分析是大数据技术在库存控制中的重要应用之一。通过机器学习和数据分析技术,企业可以对历史数据和市场信息进行建模和预测,从而更为准确地预测未来的需求。基于预测的需求信息,企业可以制订更为合理的库存计划,提高库存周转率并降低库存成本。

3. 实时数据与动态调整

传统的库存计划往往是静态的,调整周期较长。然而,在大数据时代,企业可以利用实时数据监控和分析技术,实现库存计划的动态调整。通过实时采集销售数据、库存数据等信息,企业可以及时了解库存状况和市场变化,从而快速调整库存计划,提高响应速度和灵活性。

4. 个性化与精细化库存计划

在大数据的支持下,企业可以根据不同的客户群体、产品线或市场区域制订更为个性化与精细化的库存计划。通过深入分析不同客户群体的购买行为、喜好和市场趋势,企业可以制订针对不同群体的库存计划,提高库存周转率和客户满意度。

5. 供应链协同与库存计划

大数据和预测分析技术不仅可以帮助单个企业制订库存计划,还可以促进供应链上下游企业的协同与合作。通过共享数据和分析结果,企业可以更好地了解供应商、分销商等合作伙伴的需求和供应状况,实现更为精准的供需匹配和库存计划协同。

(二) 实时库存优化与调整

库存控制策略的演进是随着企业仓储管理理念和技术手段的发展而不断变化的。实时库存优化与调整作为现代库存管理的重要方面,对于提高企业的运营效率和降低成本具有重要意义。

1. 实时库存优化的必要性

传统的库存管理方式往往是静态的,缺乏对市场实时变化的快速响应。然而,在当今快速变化的市场环境下,企业需要更加敏捷和灵活的库存管理策略来应对各种不确定性和变化。实时库存优化与调整能够帮助企业实时监控库存状况,及时发现和解决库存问题,提高库存周转率和资金使用效率。

2. 实时数据采集与处理

实时库存优化与调整的前提是实时数据的采集与处理。企业需要建立完善的数据采集系统,通过物联网技术、RFID 标签等手段实时获取库存数据,确保数据的准确性和及时性。同时,利用数据处理和分析技术,如大数据处理、云计算等,对采集的数据进行快速处理和挖掘,为库存优化提供支持。

3. 实时库存调整策略

基于实时数据采集和处理的结果,企业需要制定相应的库存调整策略。这包括实时监控库存水平、安全库存设定、补货计划等。通过建立实时的库存调整模型,企业可以根据实际需求和市场变化动态调整库存水平,避免缺货或滞销现象的发生。同时,通过合理的安全库存设定,企业可以降低库存成本并提高应对不确定性的能力。

4. 实时协同与信息共享

实时库存优化与调整不仅涉及企业内部的管理,还涉及与供应商、分销商等合作伙伴的协同。企业需要建立实时的信息共享平台,与合作伙伴进行信息的实时交换和协同作业。通过实时了解供应商的供应能力、分销商的销售状况等信息,企业可以更加精准地进行库存调整和协同作业,提高整个供应链的效率和响应速度。

5. 智能化决策支持

实时库存优化与调整需要借助智能化决策支持工具。通过人工智能、机器学习等技术,企业可以建立智能化的决策支持系统,对实时数据进行深度挖掘和分析,为企业提供更加科学和准确的决策依据。智能化决策支持系统能够自动识别库存问题、预测未来需求并制定相应的调整策略,提高库存管理的效率和准确性。

(三) 多元化与分散化库存策略的探讨

库存控制策略的演进伴随着企业运营环境的变化和技术的进步。其中,多元化与分散化库存策略是近年来备受关注的方向。

1. 多元化库存策略的兴起

随着市场需求的多变和竞争的加剧,企业为了更好地满足客户需求和提高竞争力,开始采用多元化库存策略。这种策略旨在通过增加产品种类和数量,提高库存的多样性和覆盖面,从而更好地满足不同客户的需求。多元化库存策略不仅有助于增加销售机会,还可以通过降低单一产品占比,分散库存风险,提高运营稳定性。

2. 分散化库存策略的考量

分散化库存策略的核心思想是将库存分散到多个地点,以提高应对不确定性和降低库存风险的能力。这种策略通常适用于需求分布不均、运输成本较高或需求波动较大的情况。通过分散库存,企业可以降低单一地点库存过高或过低的风险,提高库存周转率和响应速度。

3. 多元化与分散化库存策略的协同

在实践中,多元化与分散化库存策略并不是相互独立的,而是可以相互协同,共同提高库存管理的效果。例如,企业可以在实施多元化库存策略的同时,将库存分散到多个地区或分销商处。这样既可以利用多元化策略增加产品种类和覆盖面,又可以利用分散化策略降低库存风险和提高响应速度。

4. 技术手段的支持

实施多元化与分散化库存策略需要借助先进的技术手段进行支持。企业需要建立完善的信息系统,实现实时数据采集、处理和分析,以便准确掌握库存状况和市场需求。同时,利用大数据、人工智能等技术进行需求预测和库存优化,提高库存计划的准确性和响应速度。

5. 供应链协同的重要性

多元化与分散化库存策略的实施需要供应链上下游企业的协同配合。通过供应链协同,企业可以更好地应对市场变化,降低成本,提高整体运营效率。

(四)安全库存与缓冲库存的管理

安全库存与缓冲库存的管理是现代库存控制策略的重要组成部分,对于保障企业运营的稳定性和应对不确定性具有重要意义。

1. 安全库存的定义与作用

安全库存是一种为了应对需求波动、供应不确定性以及生产过程中的突发状况而设立的额外库存。其主要作用是确保企业能够满足客户需求,避免因缺货而导致的损失,同时降低库存过多所带来的成本。通过合理设置和调整安全库存水平,企业可以提高库存周转率,降低库存成本,并增强市场响应能力。

2. 缓冲库存的概念与目的

缓冲库存是一种更为灵活的库存管理策略,其目的是在需求波动或供应中断的情况下,通过调整生产和配送计划,确保生产和销售的连续性。缓冲库存通常设立在生产或配送环节中,以便在需求或供应出现异常时进行快速调整。通过合理设置和使用缓冲库存,企业可以提高供应链的鲁棒性,降低生产和配送中断的风险。

3. 安全库存与缓冲库存的管理策略

(1)需求预测:准确预测未来市场需求是制定安全库存和缓冲库存策略的关键。企业需要利用历史数据和市场趋势进行分析,以便预测未来一段时间内的需求状况。

(2)库存监控:企业应建立完善的库存监控体系,实时监测库存水平、消耗速度以及异常状况。通过及时发现和解决库存问题,可以降低缺货或滞销的风险。

(3)动态调整:根据市场需求和供应状况的变化,企业需要定期或实时调整安全库存和缓冲库存的水平。通过动态调整,可以更好地平衡库存成本和运营稳定性之间的关系。

（4）协同合作：与供应商和分销商建立紧密的合作关系，实现信息共享和协同作业。通过了解供应商的供应能力和分销商的销售状况，企业可以更好地制定安全库存和缓冲库存策略。

（5）技术支持：借助先进的信息系统和数据分析工具，可以提高安全库存和缓冲库存管理的效率和准确性。通过大数据分析和预测模型，企业可以更准确地预测需求和制定相应的库存策略。

第二章 仓储设备管理

第一节 仓储设备的种类、特点及选择原则

仓储设备是指用于存储、搬运、包装、配送等仓储活动的设备，是现代化仓储体系的重要组成部分。仓储设备的种类繁多，特点各异，选择合适的仓储设备对于提高仓储效率和降低成本具有重要意义。

一、仓储设备的种类

（一）货架

货架是仓储设备中的重要组成部分，主要用于存储货物，具有多种形式。常见的货架类型包括重型货架、阁楼货架、流动式货架等。货架的选择需要根据存储物品的特性、存储空间和存储量等因素来决定。货架的主要作用是提高存储空间的利用率，使货物有序地存放，便于管理和存取操作。

（二）搬运设备

搬运设备是用于货物搬运的设备，如叉车、堆高机、牵引车等。这些设备能够提高货物搬运效率，减轻人工劳动强度。搬运设备在仓储作业中发挥着关键作用，能够快速、准确地完成货物的装卸和移动操作。使用搬运设备可以大幅提高仓储作业的效率和响应速度，降低人工成本和货物损坏率。

（三）包装设备

包装设备用于对货物进行包装，如封箱机、打包机、裹膜机等。包装设备可以有效保护货物，方便搬运和存储。合理的包装方式能够减少货物在搬运和存储过程中的损坏，提高货物的安全性和完整性。同时，包装设备还有助于标准化作业流程，提高包装效率，降低包装成本。

（四）监控设备

监控设备用于监控仓库内货物状况和作业情况，如摄像头、传感器等。监

控设备可以提高仓库的安全性和管理效率,实时监测仓库内的温度、湿度、光照等环境条件,确保货物存储环境的适宜性。此外,监控设备还可以用于仓库的防盗监控和作业过程的可视化监管,提高仓储作业的安全性和合规性。

(五)配送设备

配送设备用于货物的配送作业,如配送车辆、配送船只等。配送设备的选择需要考虑货物的配送距离、配送量等因素。配送设备的主要作用是实现货物的快速、准确送达,提高客户满意度。通过合理配置配送设备资源,可以实现仓储与配送的无缝对接,提高物流运作效率和客户响应速度。

二、仓储设备的特点

仓储设备作为物流系统中的重要组成部分,具有一系列显著的特点。这些特点相互关联,共同构成了仓储设备的核心要素,为物流和供应链管理提供了强大的支持。在选择和使用仓储设备时,应充分考虑这些特点,以确保仓储作业的高效、安全和环保。

(一)高效性

仓储设备的高效性主要体现在货物存储和处理的快速、准确和高效。通过自动化、智能化的仓储设备,如高速分拣机、智能货架等,可以大幅提高货物的存储和检索效率,减少人工干预和操作时间,从而降低成本并提高整体运营效率。

(二)标准化

仓储设备的标准化是实现高效存储和处理的关键。标准化的设备能够确保货物在存储、搬运、包装和配送等环节中遵循统一的标准和规范,便于实现自动化和信息化管理。标准化还使得设备具有良好的互换性和兼容性,便于维护和升级。

(三)可靠性

仓储设备需要具备高度的可靠性,以确保其在使用过程中能够稳定运行并保持良好的性能。设备的可靠性要求其材料优质、结构合理、工艺先进,同时具备良好的耐用性和抗疲劳性。定期维护和保养也是确保设备可靠性的重要措施。

（四）安全性

仓储设备的安全性是其基本要求之一。设备应具备必要的安全保护装置和功能，以降低货物损坏、人员伤亡和环境污染的风险。例如，货架应具备足够的承载能力和稳定性，避免倒塌或倾斜；搬运设备应具备防撞、防倾倒等安全装置；监控设备应能实时监测仓库内的环境状况和作业情况。

（五）环保性

随着环保意识的增强，仓储设备的环保性越来越受到关注。设备的环保性主要体现在节能减排、资源回收和再利用等方面。例如，电动叉车等清洁能源设备的使用可以减少碳排放；货架等设备的可循环使用可以降低资源消耗；包装材料的环保性可以减少废弃物的产生。

三、仓储设备的选择原则

在选择仓储设备时，应遵循一系列原则以确保所选设备能够满足实际需求，提高仓储效率，并降低不必要的成本。在选择仓储设备时，应综合考虑仓储设备的选择原则，权衡各种因素，选择最适合的设备以实现最佳的仓储效果。同时，还应关注新技术和新设备的发展动态，不断更新和升级仓储设备，以提高仓储效率和降低成本。

（一）作业方式与作业量协同原则

作业方式与作业量协同原则是指在仓储作业过程中，应合理协调作业方式与作业量之间的关系，以实现整体作业效率的最大化。

首先，作业方式的多样性要求仓储设备具备灵活性和可调整性。不同的作业方式对设备的要求不同，例如自动化作业需要设备具备较高的智能化和自动化水平，而人工作业则需要设备易于操作和维护。因此，仓储设备应具备足够的灵活性和可调整性，以适应不同的作业方式，提高设备的利用率和适应性。

其次，作业量的波动性要求仓储设备具备可扩展性和可调节性。作业量的大小直接影响仓储设备的选择和配置，而作业量的波动性则要求设备具有一定的可扩展性和可调节性，以应对不同时期和不同任务量的需求。例如，仓储货架的高度可根据货物的高度进行调整，以充分利用空间；叉车的数量可根据货物搬运量的变化进行增减，以提高作业效率。

最后，作业方式与作业量的协同原则要求在选择仓储设备时，综合考虑作业方式和作业量的需求,制订合理的设备配置方案。这需要在实际调研和分析的基础上,结合仓储作业的特点和要求,进行设备的选型、配置和布局。同时,还应注重设备的维护和保养,确保设备的稳定性和可靠性,提高仓储作业的效率和质量。

(二)作业对象和环境决定原则

作业对象和环境决定原则是指在选择仓储设备时,应充分考虑作业对象的特点和仓储环境的要求,以确保所选设备能够适应实际作业的需要。这一原则强调了作业对象和环境的因素对于设备选择的重要性,从而确保设备在实际应用中的适用性和高效性。

首先,作业对象的特点对设备选择具有决定性影响。不同作业对象(如货物类型、规格、重量等)对设备的性能要求不同。例如,存储大型重型货物的仓库需要承载能力强的货架和搬运设备,而存储轻型小件货物的仓库则需要灵活高效的分拣设备。因此,在选择仓储设备时,应充分了解作业对象的特点,根据实际需求选择适合的设备。

其次,仓储环境的要求也是设备选择的重要依据。仓储环境包括温度、湿度、光照、清洁度等因素,这些因素对设备的性能和使用寿命具有直接影响。例如,在高温高湿的环境中存储易腐食品需要使用制冷设备来保持适宜的温度和湿度;而在尘土较多的环境中搬运货物则需要密封性好的搬运设备以减少灰尘污染。因此,在选择仓储设备时,应充分考虑仓储环境的要求,选择适应环境的设备以确保仓储作业的顺利进行。

最后,作业对象和环境决定原则要求在选择仓储设备时进行综合考虑和分析。通过深入了解作业对象的特点和仓储环境的要求,可以制订针对性的设备配置方案,确保所选设备能够满足实际作业的需要。同时,还应关注设备的性能参数和运行条件,确保设备在实际应用中的稳定性和可靠性。

(三)工作能力均衡原则

工作能力均衡原则是指在选择仓储设备时,应确保设备的工作能力与实际作业需求相匹配,以达到整体作业效率的最大化。这一原则强调了设备工作能力与作业需求之间的平衡,避免了设备性能不足或过度配置的问题,有助于降低成本和提高运营效率。

工作能力均衡原则要求对实际作业需求进行充分分析和评估。了解作业量的规模、货物类型、存储和搬运要求等方面的信息,是制订合理的设备配置方案的基础。通过准确评估作业需求,可以确定所需设备的种类、数量和性能参数,以确保设备能够满足实际作业的需要。

工作能力均衡原则要求选择具有适当工作能力的仓储设备。设备的工作能力应与作业需求相匹配,既不过度追求高性能造成资源浪费,也不应过分压缩成本导致设备性能不足。例如,货架的高度和承载力应与存储货物的重量和体积相匹配,以避免货架过载或空间浪费;叉车的提升高度和载重能力应与货物的体积和重量相匹配,以确保货物搬运的效率和安全性。

工作能力均衡原则要求对设备进行合理配置和布局。根据实际作业需求和设备的工作能力,制订科学的设备配置方案,确保设备数量、性能和工作负载的均衡分配。同时,设备的布局也应合理规划,以提高作业流程的顺畅性和效率。例如,货架的排列和间距应便于货物的存取和搬运,同时也要考虑叉车的操作空间和人工作业的便利性。

工作能力均衡原则要求对设备进行持续的监控和维护。设备的性能和工作能力会随着使用时间和操作频率的增加而发生变化,因此应定期对设备进行性能检测和维护保养,以确保其工作能力的稳定和持久。通过及时发现和解决设备存在的问题,可以避免设备故障对作业效率的影响,并延长设备的使用寿命。

(四)系统可靠性和安全性原则

系统可靠性和安全性原则是指在选择仓储设备时,应优先考虑设备的可靠性和安全性,以确保仓储作业的顺利进行和人员财产的安全。这一原则强调了设备的可靠性和安全性在仓储管理中的重要性,为设备的选择和使用提供了重要的指导。

首先,可靠性是仓储设备的核心要求之一。设备的可靠性直接影响到仓储作业的效率和稳定性,因此应选择具有良好口碑和稳定性能的设备品牌和型号。可靠的设备能够保证长时间稳定运行,减少故障和停机时间,从而提高仓储作业的效率和连续性。在选择仓储设备时,应关注设备的平均故障间隔时间、故障修复时间和可靠性参数等指标,以确保所选设备具备高可靠性。

其次,安全性是仓储设备的另一重要原则。设备应具备必要的安全保护装置和功能,如防撞装置、稳定装置、报警装置等,以降低货物损坏、人员伤亡和环境污染的风险。此外,设备的操作应简单安全,避免因操作不当导致安全事故的发生。在选择仓储设备时,应关注设备的安全性能和防护措施,并确保设备符合国家和行业的安全标准。

系统可靠性和安全性原则要求在选择仓储设备时进行综合评估。除了考虑设备的性能、价格和售后服务外,还应着重评估设备的可靠性和安全性。通过比较不同设备的故障率、安全性能和客户评价等信息,可以全面了解设备的可靠性和安全性,为设备的选择提供有力依据。

此外,系统可靠性和安全性原则还要求在仓储管理中加强设备的维护和保养。定期对设备进行维护和保养可以及时发现并解决潜在的安全隐患和性能问题,提高设备的可靠性和安全性。同时,应建立健全的设备管理制度和操作规程,加强员工的安全意识和培训,确保设备的正确使用和操作。

(五)环保性原则

随着全球环保意识的日益增强,各行各业都在积极采取措施降低对环境的影响。在仓储行业中,选择环保型的仓储设备已成为一种必然趋势。这些设备在降低能耗、减少排放、降低噪声、减少污染等方面表现出色,不仅有助于企业的可持续发展,也为环境保护做出了积极贡献。

低能耗是环保型仓储设备的重要特点之一。随着能源价格的上涨和环保要求的提高,企业对于设备的能耗问题越来越关注。选择低能耗的仓储设备可以为企业节约能源成本,同时也有助于减少对化石能源的依赖,降低碳排放。

低排放也是环保型仓储设备的一大优势。传统的仓储设备往往会产生大量的废气、废水和固体废弃物,对环境造成严重污染。而环保型仓储设备通过采用先进的排放处理技术,可以大幅降低废气、废水和固体废弃物的排放量,从而减轻对环境的压力。

此外,低噪声也是环保型仓储设备的突出特点。噪声污染已经成为城市居民面临的普遍问题,而仓储设备运行过程中产生的噪声更是影响周边居民的生活质量。选择低噪声的仓储设备可以为企业创造一个安静的工作环境,同时也有利于改善周边居民的生活品质。

最后,可回收性和可再利用性是环保型仓储设备的另一重要特征。随着资源日益紧张,如何实现资源的可持续利用已成为企业面临的重要问题。选择可回收和再利用的仓储设备可以为企业节约成本,同时也有助于减少对有限资源的依赖,保护地球资源。

第二节　货物装卸搬运设备

货物装卸搬运设备是仓储作业中的重要组成部分,其选择和使用对于提高仓储效率和降低成本具有重要意义。

一、货物装卸搬运设备的分类与特点

(一)货物装卸搬运设备的分类

1. 根据功能和用途分类

(1)叉车类设备:叉车类设备是货物装卸搬运中的重要工具,主要用于货物的装卸和搬运。根据动力来源不同,叉车可分为电动叉车、燃油叉车、仓储叉车等类型。这些不同类型的叉车各有其特点和使用范围,为企业提供了高效、可靠的货物装卸解决方案。

(2)输送带类设备:输送带类设备是物流系统中不可或缺的一部分,主要用于货物的连续输送。这类设备包括各种类型的输送带、输送链、辊道等,它们通过一定的动力系统将货物从一个地方输送到另一个地方。输送带类设备的应用非常广泛,无论是在港口、码头、机场还是工厂内部物流通道,都可以看到它们的身影。

(3)升降设备类:升降设备是货物装卸过程中的重要辅助设备,主要用于货物的垂直升降。这类设备包括各种类型的升降机、液压升降台、货梯等,它们通过机械或液压方式将货物提升或下降到所需高度。升降设备在物流仓储、建筑施工、航空运输等领域有广泛应用,对于提高作业效率和降低劳动强度具有重要意义。

(4)拣选设备类:拣选设备是物流拣选环节的关键设备,主要用于高效完成拣选作业。这类设备包括各种类型的拣选车、拣选机械手等,它们能够快速准确地识别和选取货物,并通过搬运至指定位置完成拣选任务。拣选设备的应用可以显著提高拣选效率,减少人工错误,降低劳动强度,是现代化物流仓储系统的必备工具。

(5)搬运设备类:搬运设备是用于货物的水平搬运的重要工具,主要包括各种类型的拖车、平板车和搬运机器人等。这些设备通过不同的动力系统和搬运方式,能够实现货物在不同地点之间的水平移动。搬运设备的应用能够提高搬运效率,减轻人力负担,尤其在大型货物和重型设备的搬运中发挥着不可替代的作用。

2. 根据自动化程度分类

（1）手动设备：手动设备是指需要人工操作以完成各种任务的设备，如手动推车、手动叉车等。这些设备通常结构简单，操作方便，适用于小型货物或特定场所的搬运任务。虽然手动设备效率较低，但在一些特定场景下，如狭小空间或轻量级货物的搬运，手动设备仍然具有一定的优势。

（2）半自动设备：半自动设备是指能够执行部分自动化操作的设备，如半自动拣选系统、半自动升降机等。这类设备通过自动化技术的应用，在特定任务上实现了部分自动化，提高了作业效率。然而，半自动设备仍然需要人工参与，完成整个作业流程。在物流仓储和制造业中，半自动设备广泛应用于拣选、装卸和加工等环节。

（3）全自动设备：全自动设备是指完全自动化操作的设备，无须人工干预即可完成整个作业流程。例如，全自动拣选系统、全自动仓储系统等。这些设备集成了先进的传感器、控制器和执行器，通过自动化控制技术实现高效、准确的货物处理和存储。全自动设备的应用能够大幅提高物流作业的效率和准确性，降低人力成本，为企业创造更多的价值。

3. 根据能源类型分类

（1）电动设备：电动设备是指使用电能作为动力源的设备，如电动叉车、电动输送带等。这些设备通过电动机和传动系统将电能转化为机械能，驱动设备运行。电动设备具有环保、高效、低维护成本等优点，是现代物流仓储和制造业中广泛应用的一种设备类型。随着技术的不断进步，电动设备的性能和效率也在不断提高，为企业提供了更加强大的作业能力。

（2）燃油设备：燃油设备是指使用燃油作为动力源的设备，如燃油叉车、燃油升降机等。这些设备通过燃烧燃油产生能量，驱动设备运行。燃油设备具有较高的能量密度和可靠性，能够在较恶劣的环境下工作。然而，燃油设备的运行成本相对较高，且对环境有一定的污染。在物流仓储和建筑行业中，燃油设备仍然有一定的应用范围。

（3）液压设备：液压设备是指使用液压能作为动力源的设备，如液压升降机、液压搬运车等。这些设备通过液压系统将液体压力转化为机械能，驱动设备运行。液压设备具有较大的力量和稳定的性能，能够在重型货物搬运和垂直升降等场景下发挥重要作用。然而，液压设备的维护成本较高，且对液体介质的管理和控制要求较高。在特定行业中，如制造业和建筑业，液压设备仍然有广泛的应用。

（4）气动设备：气动设备是指使用压缩空气作为动力源的设备，如气动拖车、气动升降平台等。这些设备通过气压传动将压缩空气转化为机械能,驱动设备运行。气动设备具有结构简单、操作方便、可靠性高等优点,适用于一些轻型货物和特定场所的搬运任务。然而,气动设备的动力性能相对较弱,且需要配备空气压缩机等辅助设备。在某些特定行业中,如食品和医药行业,气动设备具有一定的应用优势。

4. 根据结构形式分类

(1)固定式设备:固定式设备是指结构固定、不可移动的设备,如固定式输送带、固定式升降机等。这类设备通常安装在特定的场所,用于长期、持续的物流作业。由于其结构固定,固定式设备具有稳定、高效的货物处理能力。然而,由于其不可移动性,固定式设备在灵活性方面存在一定的限制。在物流仓储和制造业中,根据实际需求和作业特点,选择适当的固定式设备能够提高作业效率和降低成本。

(2)移动式设备:移动式设备是指结构可移动的设备,如叉车、输送带移动座、升降平台推移等。这类设备通常具有较好的移动性和灵活性,能够在不同的场所和环境下进行作业。移动式设备能够提高物流作业的效率和灵活性,适应不同的作业需求。在物流仓储、制造业和建筑行业中,根据实际需求选择适当的移动式设备能够为企业创造更多的价值。

(3)模块化设备:模块化设备是指由多个模块化部分组合而成的设备,可根据需要进行调整和扩展,如模块化输送系统、模块化仓储系统等。这类设备通过模块化的设计,能够灵活地适应不同的作业需求和场所环境。模块化设备具有较高的可维护性和可扩展性,能够在物流作业中进行高效的组合和配置。随着技术的不断进步和应用需求的多样化,模块化设备的应用越来越广泛,为企业提供了更加灵活、高效的物流解决方案。

(4)吊装式设备:吊装式设备是指通过吊装方式进行货物装卸和搬运的设备,如起重机、吊车等。这类设备通常配备有强大的吊装功能和精密的操控系统,能够实现重型货物的高效装卸和搬运。在建筑、物流和制造业等领域,吊装式设备发挥着不可或缺的作用,为大型货物和重型设备的搬运提供了强大的支持。

(二)货物装卸搬运设备的特点

1. 高效性

货物装卸搬运设备能够快速、准确地完成货物的装卸和搬运任务,显著提高物流作业的效率。这些设备通过高效的动力系统和精确的操控功能,减少了货物装卸和搬运所需的时间和人力成本。在现代化物流体系中,货物装卸搬运设备的快速、准确性能有效地保障了整个物流流程的高效运作,为企业创造了更大的价值。

2. 自动化和智能化

现代货物装卸搬运设备正不断突破传统模式,更多地运用自动化和智能化技术。传感器、控制器和执行器等核心组件的应用,使设备能够自主完成一系列装卸和搬运任务。这种自动化和智能化操作不仅极大地提高了作业的准确性和可靠性,还有效减少了人为错误和延误。随着技术的不断进步,这些设备将继续升级和优化,以更好地适应各种复杂的物流环境,进一步提高物流作业的效率和效益。

3. 多样化

由于不同行业和场所的物流作业需求千差万别,货物装卸搬运设备必须具备多样化的特点,以适应各种复杂情况。例如,仓储物流中心需要高效的输送带和拣选设备,而制造业生产线则需要特定的搬运机械手。这种多样性使得每种设备都能在其特定的应用场景中发挥最大效用,满足不同的作业需求。

4. 节能环保

随着全球环保意识的日益增强,货物装卸搬运设备的设计和制造也在逐步转向更加节能环保的方向。为了降低能耗和减少排放,这些设备越来越多地采用新型动力系统和节能技术。例如,电动驱动系统、混合动力技术以及节能型控制算法等,都在设备中得到了广泛应用。这些技术的应用不仅降低了设备的能耗和排放,还有助于减少对环境的影响,符合可持续发展的要求。

5. 可靠性

货物装卸搬运设备在作业过程中常常需要承受巨大的载荷和冲击,因此具备高可靠性和稳定性至关重要。这些设备需要在各种恶劣环境下仍能保持稳定运行,降低故障发生的概率,从而确保物流作业的效率和成本不受影响。设备的可靠性直接关联到物流作业的效率和成本,因为一旦设备出现故障,可能会导致货物滞留、延误交货时间等问题,给企业带来不必要的损失。

6. 定制化

由于不同行业的物流作业需求差异巨大,货物装卸搬运设备也需要根据具体需求进行定制化设计。从食品、药品等特殊行业的卫生要求,到制造业生产线对设备精度和速度的需求,每个行业都有其独特的作业环境和货物特点。因此,在选择和使用货物装卸搬运设备时,需要根据行业特点和作业环境进行针对性的设计和配置。通过定制化的设备,能够更好地适应特定行业的物流作业需求,提高作业效率和准确性,降低成本,从而为企业创造更大的价值。同时,这也促进了货物装卸搬运设备的多样化发展,丰富了物流市场的选择。

二、影响货物装卸搬运设备选择的因素

(一)作业需求

在选择货物装卸搬运设备时,作业需求是一个核心的需要考虑的因素。作业需求主要涉及物流作业的总体目标、货物的特性以及作业环境等方面。

1. 物流作业目标

明确物流作业的目标是至关重要的。这关系到货物流转速度、货物装卸效率、空间利用率等方面。例如,对于需要快速转运的物流作业,选择具有高装卸速度的设备是关键;而对于空间利用率要求较高的场合,选择占地面积小、能高效利用空间的设备是必要的。

2. 货物特性

货物的种类、尺寸、重量以及包装方式等特性对装卸搬运设备的选择具有直接影响。例如,对于大型或重型货物,可能需要选择具有强大起吊能力的设备;而对于小型或精密货物,则可能需要选择具有高精度定位和稳定搬运能力的设备。

3. 作业环境

作业环境也是影响设备选择的重要因素。这包括作业场所的布局、地面条件、温度、湿度、清洁度以及安全要求等。例如,在低温或潮湿的环境下,可能需要选择特殊设计的设备以确保其正常运作;而在有特殊安全要求的环境中,设备的稳定性和安全性更是首要考虑的因素。

4. 作业量与频率

了解物流作业的量与频率有助于确定所需设备的规模和容量。对于大量、高频的物流作业,需要选择具有高处理能力和耐用性的设备;而对于较少量的作业,成本效率和设备的灵活性可能成为更重要的考虑因素。

5. 预测增长

在选择设备时,还需要考虑未来的增长需求。随着业务的发展,物流作业的需求可能会发生变化。因此,选择具有扩展性和升级潜力的设备是必要的。

(二)设备性能

在选择货物装卸搬运设备时,设备性能是关键的考虑因素之一。设备性

能决定了其在物流作业中的效率和可靠性,直接影响企业的运营效率和成本。

1. 装卸能力

设备的装卸能力是首要考虑的因素。这涉及设备在单位时间内能够完成装卸作业的数量和重量。选择具有高装卸能力的设备能够提高作业效率,减少作业时间。

2. 搬运速度与精度

设备的搬运速度决定了货物在物流系统中的流转速度。高搬运速度可以缩短货物的在库时间和运输时间,提高物流效率。同时,设备的搬运精度也至关重要,尤其对于精密或易碎货物的搬运,高精度定位和稳定控制是必要的。

3. 能源效率与排放

随着对可持续发展的日益重视,设备的能源效率和排放也成为重要的考量因素。选择节能环保的设备有助于降低能耗和减少对环境的影响,符合绿色物流的发展趋势。

4. 可靠性与安全性

设备的可靠性直接关系到物流作业的稳定性和企业的运营成本。高可靠性的设备能够减少故障和维护的需求,降低因设备故障导致的停机时间和额外成本。货物装卸搬运设备在作业过程中需要确保货物的安全以及人员的安全。设备应具备必要的安全功能和防护措施,以防止货物损坏和意外事故的发生。

（三）能源与环境

在选择货物装卸搬运设备时,能源与环境因素是日益受到关注的重要考虑因素。随着对可持续发展的重视,企业需要选择能效高、对环境友好的设备来降低能源消耗和减少对环境的影响。

1. 能源效率

选择能源效率高的货物装卸搬运设备能够降低企业的能源成本。高能效的设备能够更有效地利用能源,减少能源浪费,同时也有助于减少对有限能源资源的依赖。

2. 节能技术

采用先进的节能技术是提高设备能效的关键。这包括节能电机、能量回收系统、智能能源管理等技术,这些技术能够进一步降低设备的能耗,提高能源利用效率。

3. 排放控制

随着对环境保护的要求日益严格,设备的排放控制成为重要的考量因素。选择低排放或零排放的装卸搬运设备有助于减少对大气的污染,降低温室气体排放,从而为环境保护做出贡献。

4. 环境适应性

考虑设备的环境适应性有助于确保其在各种环境条件下的稳定运行。这包括对极端温度、湿度、风雨等环境的适应能力,以及在特殊环境和危险品处理场所的安全性能。

5. 资源回收与再利用

设备的资源回收与再利用也是可持续发展的重要方面。选择可回收性高的设备有助于企业实现资源的有效利用,降低废弃物产生,从而符合环保要求。

6. 生态标签与认证

考虑获得相关环保生态标签和认证的设备,可以为企业提供额外的信誉和保证。这有助于展示企业对于可持续发展的承诺和环保责任的履行。

(四)成本

在选择货物装卸搬运设备时,成本是一个关键的考虑因素。设备的成本不仅包括购买成本,还包括运营成本、维护成本和设备操作人员培训成本等。

1. 购买成本

购买货物装卸搬运设备的初始投资是首要考虑的成本因素。企业需要根据预算限制评估购买设备的财务可行性。在选择设备时,不仅要考虑设备的性能和功能,还要考虑其价格竞争力。

2. 运营成本

运营成本是指在设备使用过程中的能耗、耗材、人工等费用。对于一些自动化和智能化的设备,可能还需要考虑专用软件或服务的费用。了解设备的运营成本有助于更全面地评估设备的总拥有成本。

3. 维护与修理成本

设备的维护和修理是确保其正常运转的重要方面。维护和修理成本包括定期检查、清洁、润滑、更换零部件以及修理或更换损坏的部件等费用。设备的可靠性和耐用性直接影响维护和修理的频率,进而影响总成本。

4.培训与人力资源

在选择货物装卸搬运设备时,还需考虑人员培训和人力资源的需求。对于一些复杂的设备,可能需要专门的培训或技术支持才能确保其有效使用。此外,还需考虑操作人员的人力成本以及设备的劳动生产率。

第三节　存储与分拣设备

存储与分拣设备在物流系统中扮演着至关重要的角色,它们能够有效地管理货物的存储和分拣,提高物流作业的效率和准确性。

一、存储设备的分类与特点

(一)存储设备分类

1.按用途分类:

(1)固定式存储设备:固定式存储设备是物流系统中常见的存储设备,主要用于长期或短期存储。在设计时,主要考虑到货物的稳定性和安全性。常见的形式包括托盘货架、货箱货架和平台货架等。这些设备通常具有坚固的结构和较强的承载能力,能够承受货物的重量和各种环境因素的影响,确保货物的完好无损。同时,它们还可以根据实际需求进行定制,满足不同存储空间的布局和货物的管理需求。

(2)移动式存储设备:移动式存储设备以其灵活性和便捷性在物流领域中独树一帜。这类设备,如手推车、电动叉车和升降平台等,不仅可以根据需要轻松移动,而且非常适合动态存储和根据仓库布局的灵活调整。它们有效地提升了货物的搬运效率,同时也为仓库管理带来了更大的便利性和灵活性。

2.按结构分类:

(1)开放式存储设备:开放式存储设备的设计特色在于通常不设封闭的顶层,从而极大地方便了货物的存取与管理。例如货架和货格等常见形式,不仅结构简单实用,而且有助于提升仓库空间的利用效率。

(2)封闭式存储设备:封闭式存储设备具备封闭的存储空间,为货物提供更好的保护和环境控制。与开放式设备相比,它能更好地抵抗外界因素的干扰,确保货物的质量与安全。常见的形式如仓库、库房和冷藏库等,广泛用于各类物品的存储需求。

3. 按操作方式分类:

(1)人工操作存储设备:人工操作存储设备主要依赖人力完成货物的存取和管理。这些设备常见的有手推车、叉车和搬运车等,不仅操作简单,而且适应性强,适合各种类型的货物搬运。然而,随着自动化技术的发展,这类设备正逐渐被自动化存储设备所取代。

(2)自动化存储设备:自动化存储设备是现代物流系统中的重要组成部分,利用先进的自动化技术实现货物的快速、准确存取和管理。这类设备具备高效、准确和自动化的特点,大大提高了存储和管理的效率。常见的形式包括自动存取系统、自动化仓库和机器人等。它们能够根据货物的特性和需求进行自动化处理,减少了人工干预和错误率,为企业的物流管理带来了极大的便利。

(二)存储设备特点分析

1. 安全性

存储设备作为货物存储的关键设施,应具备安全可靠的结构。其结构设计应能够承受货物的重量,并经受住各种环境因素的影响,如温度、湿度、振动等。为了确保货物的稳定性和安全性,存储设备的材料选择至关重要。高质量的材料能够提供更好的强度和耐久性,从而确保设备的长期稳定运行。此外,结构的稳定性也是关键因素,合理的结构设计能够有效地分散和承载货物的重量,避免设备损坏和货物损坏。同时,采取适当的防护措施也是必要的,以应对外部环境因素和人为因素对货物的影响。综合考虑这些因素,可以确保存储设备的安全可靠,为货物的稳定性和安全性提供保障。

2. 空间利用率

存储设备的合理设计对于提高空间利用率至关重要。在现代物流和仓储领域,空间是非常宝贵的资源。通过优化存储空间布局和货架设计,可以最大化地利用有限的空间,增加存储容量,并减少占地面积。例如,多层货架系统的设计能够有效地提升空间利用率,同时配合货物分类和有序存放,可以实现快速存取和高效管理。此外,货架的高度、间距和排布方式等参数也需要根据实际需求进行细致的规划和计算,以达到最佳的空间利用效果。通过这样的合理设计,存储设备能够满足大规模的存储需求,提高仓储效率。

3. 可扩展性

考虑到企业业务的不断增长,存储设备应具备可扩展性和灵活性。随着企业规模的扩大和业务需求的增加,存储需求也会发生变化。因此,存储设备应具备足够的扩展能力,能够随着企业业务的发展而增长。这不仅涉及设备本身的可扩展性,也包括对未来需求的预见性和适应性设计。此外,存储设备还应具备灵活性,能够适应不同阶段的存储需求。通过模块化设计、多功能配置等方式,设备能够满足各种不同的存储需求,无论是货物的品种、数量还是存储方式等。这种可扩展性和灵活性使得企业可以更加高效地管理存储空间,降低成本,并适应不断变化的业务需求。

4. 适应性和易用性

存储设备应具备良好的适应性,能够适应不同种类、大小和形状的货物存储需求。设备的结构和设计应能够适应不同货物的特性,满足多样化的存储需求。

对于人工操作存储设备,应具备良好的人机交互界面,便于操作和使用。简单的操作和直观的界面可以降低操作难度,提高工作效率。对于自动化存储设备,应具备高效的自动化控制系统,降低人工干预和错误率。自动化技术的运用可以大大提高存储效率和管理水平。

5. 耐用性和经济性

存储设备的使用寿命也是需要考虑的一个重要因素。高质量的材料和制造工艺可以提高设备的耐用性,降低维护和更换成本。

在满足功能和性能要求的前提下,还需要考虑设备的成本效益。合理的价格和性价比是选择存储设备时的着重考虑的因素。

二、分拣设备的分类与特点

(一)分拣设备分类

1. 按分拣方式分类

(1)人工分拣:人工分拣是依靠人力完成货物的分类和拣选过程。这种分拣方式成本相对较低,操作简单,但在效率上相对较低,容易出错。人工分拣适用于小批量、简单的分拣任务,尤其在货物种类较少、分拣量不大的情况下较为适用。然而,随着物流量的增加和分拣需求的多样化,人工分拣的局限性逐渐显现,因此自动化分拣成为一种趋势和必要的发展方向。

(2)自动分拣:自动分拣是利用先进的自动化技术实现快速、准确分拣货物的过程。它利用了多种技术手段,如机械手臂、输送带、自动识别等,实现了自动化、智能化的分拣操作。自动分拣能够大大提高分拣效率,减少人工干预和错误率,尤其适合大批量、复杂的分拣任务。自动分拣能够满足不断增长的分拣需求,提高物流效率和管理水平。

2. 按分拣对象分类

(1)按单品分拣:按单品分拣是指每个货物单独进行分拣,不进行批量处理。这种分拣方式常用于订单量较小的情况,因为每个货物都需要单独处理,所以分拣的复杂性和工作量相对较小。一般采用人工或简单的自动化设备进行分拣,操作相对简单。然而,随着订单量的增加和分拣需求的多样化,按单品分拣的效率和工作量会受到较大影响,因此需要寻求更高效、自动化的分拣方式。

(2)批量分拣:批量分拣是将多个相同或类似的货物作为一个批次进行分拣的方式。这种方式效率较高,因为多个货物可以同时处理,减少了单个货物的处理时间和成本。批量分拣适用于订单量较大、货物种类较少的分拣场景,能够快速、准确地完成大量货物的分拣任务。同时,批量分拣还可以减少人工干预和错误率,提高分拣的准确性和可靠性。随着物流行业的快速发展,批量分拣已成为一种必要的趋势,能够满足不断增长的分拣需求,提高物流效率和管理水平。

3. 按分拣目的地分类:

(1)单一目的地分拣:单一目的地分拣是指每个货物都有固定的目的地,分拣任务相对简单。因为每个货物的目的地都是已知的,所以分拣时只需要将货物分拣到相应的目的地即可。这种分拣方式操作简单,错误率较低,适用于固定路径、固定目的地的分拣场景。然而,在实际物流操作中,由于运输、配送等需求的变化,单一目的地分拣的应用场景相对较少,更多需要多目的地分拣的解决方案。

(2)多目的地分拣:多目的地分拣是指一个货物可能被分拣到多个目的地,需要复杂的路径规划和决策。由于一个货物可能涉及多个配送点或运输路径,因此需要进行多个分拣操作,增加了分拣的难度和复杂性。多目的地分拣需要综合考虑货物的属性、运输要求、配送目的地等因素,制定合理的分拣策略和路径规划,以确保货物的准确、高效分拣。同时,多目的地分拣还需要具备强大的数据处理和信息管理能力,以应对大量的分拣任务和实时变化的需求。

(二)分拣设备特点分析

1. 高效性

分拣设备作为物流系统中的重要环节,应具备高效的处理能力。快速、准确地完成货物的分类和拣选是分拣设备的基本要求。高效的分拣设备能够显著提高整体物流效率,降低运营成本。通过减少分拣时间和提高准确率,企业可以更快地满足客户需求,降低仓储成本和错误配送的风险。在竞争激烈的物流市场中,高效的分拣设备是提升企业竞争力的重要因素之一。随着技术的不断进步,新型的分拣设备不断涌现,如自动化分拣系统、智能分拣机器人等,这些设备能够进一步提高分拣效率和准确性,为企业创造更大的价值。

2. 准确性

准确的货物分拣是物流作业中的关键要求,对于确保货物的准确送达和客户的满意度至关重要。为了实现高精度的识别和分类,分拣设备应具备先进的技术和功能。首先,设备应具备高分辨率的识别能力,能够快速准确地识别货物信息,如条形码、RFID 标签等。此外,设备还应具备智能分类算法,能够根据货物属性、目的地等信息进行自动分类。通过减少错误率,分拣设备能够提高整体物流效率,降低运营成本,并增强企业的市场竞争力。因此,选择高精度、可靠的设备是实现货物准确分拣的关键。

3. 灵活性

分拣设备应具备足够的灵活性,能够适应不同的货物类型、大小和包装方式,以及多样化的分拣需求。不同的货物具有不同的特性,如形状、尺寸、重量和包装方式等,因此分拣设备需要具备广泛的适应性,以应对各种货物分拣的需求。设备应具备可调整性,能够根据实际需求进行快速配置和调整,以适应不同尺寸和类型的货物。此外,设备还应具备智能感知和识别能力,能够自动识别货物的属性和特征,并根据不同的分拣需求进行智能决策和操作。这种灵活性有助于应对不同的物流场景,提高分拣效率,降低运营成本,并满足客户的多样化需求。

4. 可靠性

分拣设备在物流作业中扮演着至关重要的角色,因此具备高可靠性和稳定性。设备能够长时间稳定运行,不仅提高了分拣效率,而且减少了因故障和维护导致的停机时间。这种高度的可靠性意味着企业可以依赖分拣设备来完成大量、连续的分拣任务,从而降低运营风险和成本。可靠的分拣设备是企业实现高效、稳定物流作业的重要保障。

5. 自动化与智能化

随着技术的不断进步,自动识别、智能决策和控制技术在分拣设备中得到了广泛应用。这些先进技术的应用,使得分拣设备越来越自动化和智能化。通过自动识别技术,分拣设备能够快速准确地识别货物的信息,如条形码、

RFID标签等,大大提高了分拣的效率和准确性。智能决策和控制技术则使得分拣设备能够根据不同的分拣需求和条件,自主进行决策和控制,降低了人工干预和错误率。自动化和智能化的分拣设备已经成为现代物流系统的重要组成部分,它们能够大大提高物流效率,降低运营成本,为企业创造更大的价值。

6. 环保节能

环保和节能是当今社会发展的重要议题,也是现代分拣设备的重要发展方向。为了实现可持续发展,企业需要采取措施减少对环境的负面影响。通过采用绿色材料和优化能耗设计,分拣设备可以在生产和运行过程中降低资源消耗和减少排放。这种环保节能的分拣设备不仅能够提高企业的环保形象,还能够降低长期运营成本。随着社会对环保要求的不断提高,企业需要积极应对,采取有效的措施来实现环保和节能目标。这不仅是社会责任的体现,也是企业可持续发展的必然要求。

第四节　仓储设备的管理

一、仓储设备的基础管理

(一)仓储设备的凭证管理

仓储设备作为现代物流体系中的核心组成部分,其管理效率直接关系到企业的整体运营效果。而仓储设备的凭证管理,作为企业进行仓储设备管理活动的直接依据,更是确保设备高效、安全运行不可或缺的重要环节。因此,深入探讨仓储设备凭证管理的重要性及其在企业运营中的保障作用,对于提升企业的仓储管理水平和市场竞争力具有重要意义。

在现代企业的仓储管理中,仓储设备的凭证管理不仅仅是一纸文件的简单管理,而是涵盖了设备采购、使用、维修、报废等全生命周期的各个环节。这些凭证不仅记录了设备的基本信息、技术参数、使用状况等重要数据,更是企业进行设备调度、维修保养、成本控制等决策的重要依据。因此,仓储设备凭证管理的完整性、准确性和及时性,直接关系到企业仓储作业的顺利进行和设备的高效运转。

一方面,在仓储作业过程中,设备的调度、使用、保养等环节都需要依据相关凭证进行操作。如果凭证信息不完整,就可能导致设备调度混乱、使用不当、保养缺失等问题,进而影响到仓储作业的效率和安全。因此,企业必须建立完善的凭证管理制度,确保凭证信息的完整性和可追溯性。另一方面,设备维修是确保设备持续、稳定、高效运行的重要手段。而准确的凭证信息，可以帮助维修人员快速了解设备的故障历史、维修记录和技术参数，从而作出更为精准、有效的维修决策。如果凭证信息不准确，就可能导致维修失误、故障频发等问题，不仅影响设备的正常运行，还可能增加企业的维修成本。

（二）仓储设备的档案与资料管理

在企业的仓储管理中，仓储设备的档案与资料管理是至关重要的环节，这些档案与资料不仅记录了设备的基本信息和使用状况，更是一份宝贵的资产清单和维护指南，为企业的正常运行和持续发展提供了坚实的支撑。首先，仓储设备的档案与资料管理有助于企业全面掌握设备的基本信息和运行状况，每台仓储设备都有其独特的参数、性能、使用条件和维护要求。通过建立完整的设备档案，企业可以轻松地获取这些信息，确保设备在使用过程中得到正确、高效的利用。同时，设备资料的管理也有助于企业及时了解设备的运行状况，如发现异常或故障，可以迅速采取措施进行维修和保养，防止设备损坏或性能下降。而设备的维护和维修是仓储管理中不可或缺的一环。通过建立完整的设备档案和资料管理体系，维修人员可以快速获取设备的维修记录、故障历史和技术参数等信息，从而迅速定位问题、制订维修方案。这不仅缩短了设备的维修周期，也降低了维修成本，提高了企业的经济效益。

随着技术的不断进步和企业业务的发展，仓储设备也需要不断更新和升级，通过设备档案和资料的管理，企业可以全面了解现有设备的性能、使用状况和维修历史，为设备的更新和升级提供决策依据。同时，这些档案和资料也可以为企业未来购买新设备提供参考，帮助企业选择更符合实际需求、更具性价比的设备。为了有效实施仓储设备的档案与资料管理，企业需要采取一系列措施。首先，建立健全的档案管理制度，明确档案的分类、归档范围、保管期限和查阅权限等要求，确保档案管理的规范化和标准化。其次，加强资料的收集和整理工作，确保资料的完整性和准确性。这包括设备的基本信息、技术参数、使用和维护记录等。此外，企业还应采用现代化的档案管理工具和方法，如电子档案管理系统、数据库等，提高档案管理的工作效率和准确性。同时，定期对档案和资料进行整理、分类和更新，确保其始终能反映设备的最新状态和企业的实际需求。

（三）仓储设备的资产管理

在企业的运营与发展过程中，固定资产始终是企业资产的重要组成部分，为企业提供稳定、可靠的生产和运营基础，作为企业固定资产的关键环节，仓储设备不仅是企业进行仓储作业的物质技术基础,更是企业实现高效物流运作和稳定生产经营的重要保障。

固定资产是企业为了生产和经营而持有的、使用期限较长、单位价值较高的有形资产,而仓储设备,包括货架、叉车、输送带、堆垛机等,无疑属于这一范畴。这些设备在企业中发挥着至关重要的作用,是企业在仓储、物流和生产环节中不可或缺的工具。随着企业规模的不断扩大和业务范围的持续拓展,仓储设备的种类和数量也在不断增加,其在企业固定资产中的地位愈发重要。新购置的仓储设备经过验收后,必须列入企业的固定资产,这意味着企业对这些设备拥有所有权,并期待其在使用过程中为企业带来长期的经济利益,这些设备经过一系列的购置、验收和使用程序,最终成为企业生产和经营过程中的重要组成部分。在此过程中,企业需要对其进行适当的维护和保养,确保其长期、稳定地为企业服务。

一旦新购置的仓储设备被列入企业的固定资产并交付使用,它们将成为企业进行仓储作业的基石。仓储作业是企业运营过程中的重要环节,涉及物品的存储、保管、装卸、运输等一系列活动。仓储设备在这些活动中发挥着至关重要的作用。例如,货架可以帮助企业高效地存储和保管货物;叉车和输送带则有助于企业的装卸和运输作业;堆垛机等自动化设备则可以大幅提高企业的仓储作业效率。这些仓储设备不仅提高了企业的仓储作业效率,降低了仓储成本,还在很大程度上决定了企业的物流效率和整体运营效果。在现代物流体系中,仓储设备的性能和效率直接影响到企业的物流成本、客户服务水平以及市场竞争力。因此,对仓储设备的合理配置和管理成为企业提升仓储作业效率和整体运营效果的关键所在。

在面临日益激烈的市场竞争和不断变化的客户需求时,企业必须不断加强对其固定资产的管理和维护,尤其是对仓储设备的管理和维护。这不仅需要企业在设备购置时进行全面、细致的规划,更需要企业在日常运营中对设备进行定期维护和保养,确保其始终处于良好的工作状态。同时,企业还应不断提升其仓储管理人员的专业素质和技术水平,使他们能够更好地操作和维护这些设备,进一步提升企业的仓储作业效率。

二、仓储设备的运行管理

(一)设备正确使用的标志

设备的正确使用不仅关系到设备自身的使用寿命,还直接影响到企业的运营效率和仓储作业的安全。因此,明确设备正确使用的标志,对于提升仓储设备的运行管理水平具有重要意义。一方面,设备在正常使用过程中,应保持良好的运行状态,无异常声响、振动或故障。设备的各项性能参数应保持在规定的范围内,无超负荷运转的情况发生。同时,设备应具备自动保护功能,在异常情况下能自动停机或报警,防止事故扩大。设备的运行状态稳定性是确保设备长期、稳定运行的关键,也是设备正确使用的重要标志之一。另一方面,设备正确使用的标志之二是设备操作人员技能的合格性。操作人员是直接与设备接触的人员,其技能水平直接影响到设备的运行状态和使用寿命,合格的设备操作人员应具备相应的技能和知识,能够熟练掌握设备的操作规程和安全规范,他们应了解设备的结构、工作原理、维护保养要求以及常见故障的排除方法,通过培训和考核,确保操作人员具备合格的技能水平,是实现设备正确使用的重要保障。

此外,设备正确使用的标志之三是对设备维护保养的重视程度。设备的维护保养是确保设备长期稳定运行的关键措施。正确地进行维护保养不仅可以延长设备的使用寿命,还可以及时发现并排除潜在的故障隐患。企业应建立健全的设备维护保养制度,定期对设备进行检查、润滑、清洁和调整。同时,应选用合格的维护人员,并对其进行专业培训,确保他们能够按照维护保养规程正确执行各项操作。设备的维护保养记录应完整、准确,并定期进行归档整理,以便对设备的运行状况进行跟踪分析。

另外,预防性维修也是设备正确使用的标志之一。预防性维修是指通过对设备的定期检查和性能测试,及时发现并修复潜在的故障或性能下降的部位。预防性维修可以有效地防止设备故障的发生,减少意外停机的时间和维修成本。企业应根据设备的实际情况和历史维修记录,制订合理的预防性维修计划,并确保维修计划的执行和监督。通过预防性维修的实施,可以提高设备的可靠性和稳定性,降低运营成本。

同时,设备的故障管理和维修也是衡量设备正确使用的重要标志。企业应建立完善的故障管理制度和维修流程,对设备的故障进行及时记录、分析和处理。通过对故障的统计和分析,可以发现设备运行的薄弱环节和潜在问题,为改进设备的性能和加强维护保养提供依据。在维修方面,企业应采用合理的维修方式和技术,确保设备能够快速恢复到正常状态,降低维修对生产的影响。

随着技术的不断进步和企业业务的发展,仓储设备也需要不断更新和升级以适应新的需求和提升运营效率。企业应根据实际需求和市场状况,制订合理的设备更新和升级计划。在更新和升级过程中,应充分考虑新设备的性能、兼容性和可扩展性,确保新设备能够与现有系统有效集成,实现无缝对接。

同时,应对操作人员进行必要的培训和技术支持,以确保他们能够熟练掌握新设备的操作和维护技能。

(二)大型或重要仓储设备使用程序

企业应制定详细的大型或重要仓储设备使用程序。这些程序应包括设备的启动、运行、停机、维护和故障排除等各个环节。程序中应明确规定操作人员的工作职责和操作规范,确保他们在使用设备时能够按照标准流程进行操作。同时,使用程序中还应包括安全操作规程,以保障操作人员的安全和设备的稳定运行。为了确保操作人员能够正确、安全地使用大型或重要仓储设备,企业必须组织全面的业务知识和技能培训。培训内容应涵盖设备的结构、性能、操作维护、故障排除和技术安全等方面。通过培训,使操作人员全面了解设备的各项参数、工作原理和安全操作规程,为设备的正确使用打下坚实基础。在完成培训后,企业应对操作人员进行技术知识、使用维护知识、操作规程和技能、排除故障和保养等方面的考核。考核方式应采用现场实际操作和理论考核相结合的方式进行。通过实际操作,检验操作人员是否能够熟练掌握设备的操作和维护技能;通过理论考核,评估操作人员对设备相关知识的掌握程度。只有通过考核的操作人员才能获得使用设备的资格。此外,企业还应定期对操作人员进行复训和考核,以保持其操作技能和知识的时效性。随着设备的更新和技术的发展,操作人员的培训内容也应不断更新和完善。通过持续地培训和考核,确保操作人员能够适应新的设备和技术的要求,提高设备的运行效率和安全性。同时,企业应建立完善的设备管理档案,记录设备的购置、使用、维修和报废等全过程。档案应包括设备的说明书、维修记录、故障排除记录和技术安全事故记录等资料。通过对档案的整理和分析,企业可以全面了解设备的运行状况和维修历史,为设备的维护保养和更新换代提供决策依据。此外,企业还应建立健全的设备巡检制度,定期对设备进行检查和监测,及时发现并处理潜在的故障隐患,确保设备的正常运行和延长使用寿命。

为了提高大型或重要仓储设备的运行效率和维护水平,企业应积极引进先进的维护技术和现代化的管理手段。例如,采用状态监测技术和预测性维护系统,实时监测设备的运行状态和性能参数,及时发现异常情况并进行预警;利用物联网技术和数据分析工具,实现设备的远程监控和智能化管理;建立设备故障诊断专家系统,为快速准确地进行故障定位和修复提供支持。通过引进先进的维护技术和现代化的管理手段,企业可以提高设备的可靠性和稳定性,降低运营成本和维护工作量。

（三）设备使用规程

在企业的运营过程中,设备作为重要的生产工具,其管理水平和使用状况直接影响到企业的生产效率和经济效益。为了确保设备的正常运行和延长使用寿命,企业必须制定严格的设备使用规程,并加强设备的日常维护工作。首先,企业应建立健全的设备使用规程,明确设备的操作规范、安全注意事项和维护要求等方面的内容。规程的制定应遵循科学、合理、实用的原则,并充分考虑设备的性能、用途和工作环境等因素。同时,企业应加强设备使用规程的宣传和培训工作,确保操作人员能够全面了解并掌握规程的内容和要求。在设备使用过程中,企业应督促操作人员自觉遵守定人、定机制度和凭证使用设备的规定,确保设备使用的合理性和安全性。此外,设备维护是保持设备正常运行和使用寿命的重要环节,企业应建立健全的设备维护制度,明确维护周期、维护内容和维护要求等方面的内容,操作人员应定期对设备进行清洁、润滑、检查和调整等维护工作,确保设备始终处于良好的工作状态。同时,企业应加强设备的巡检和监测工作,及时发现并处理潜在的故障隐患,防止事故的发生。

在设备的使用过程中,企业还应强调设备的不超负荷使用、避免大机小用和精机粗用等方面的问题。超负荷使用设备会导致设备过度磨损和损坏,缩短使用寿命;大机小用或精机粗用则会造成资源的浪费和效率的低下。因此,企业应合理安排生产任务,根据设备的实际能力和用途进行分配,确保设备在使用过程中既不过度疲劳也不浪费资源。同时,企业应重视设备的完整性和凭证使用的问题。设备在使用过程中应保持完整,不得随意拆卸或改装。对于需要维修或更换部件的设备,应由专业人员进行操作,并确保维修记录的完整性和可追溯性。凭证使用设备是指操作人员必须持有相关证件才能操作某些特种设备或危险性较大的设备。企业应加强证件管理和培训工作,确保操作人员具备相应的操作资质和技能水平。另外,设备的停机检修也是设备使用规程中的重要环节。在规定的时间内停机检修设备可以及时发现并修复潜在的故障或问题,防止设备在运行过程中出现故障或损坏。企业应制订合理的停机检修计划,并确保维修人员具备相应的维修技能和工具。在检修过程中,操作人员应与维修人员进行有效的沟通和协作,共同完成设备的维修和保养工作。

三、仓储设备的维护管理

（一）设备的三级保养制度

为了更好地管理和维护设备,企业需要建立完善的维护保养体系,明确设备保养的级别和内容,并制订相应的保养计划和记录。首先,日常维护保养主要包括设备的清洁、润滑、检查和调整等方面的工作,通过日常维护保养,可以及时发现并处理设备的小问题或故障隐患,防止设备出现更大的故障或损坏,企业应制定详细的日常维护保养规程,明确保养周期、保养内容和保养要求等方面的内容。同时,企业应加强对操作人员的培训和管理,确保他们能够按照规程进行设备的日常维护保养工作。其次,一级保养主要是对设备进行局部的检查、清洁、润滑和紧固等工作,以保证设备的正常运行和使用效果。在一级保养过程中,企业应重点检查设备的传动系统、电气系统、液压系统等方面是否存在异常情况,并进行相应的调整和修复。同时,企业应重视设备的润滑工作,定期对设备的润滑部位进行润滑油的更换或补充,以保证设备的正常运行和使用寿命。此外,二级保养主要是对设备进行全面的检查、维修和更换等工作,以保证设备的正常运行和使用效果。在二级保养过程中,企业应对设备进行全面的检查和诊断,发现并修复潜在的故障隐患和问题。同时,企业应根据设备的实际情况和维修需要,进行必要的维修和更换工作,以保证设备的正常运行和使用效果。在二级保养过程中,企业应重视设备的维修质量和技术要求,确保维修后的设备能够达到预期的运行效果和使用寿命。

(二)精密、大型、稀有、关键仓储设备的维护要求

精密仓储设备的维护要求主要集中在保持设备的精度和稳定性方面。由于这些设备通常用于存储和运输高价值或关键的物料,其精度的保持对于确保产品质量和生产线的正常运行至关重要。因此,维护人员需要定期对精密仓储设备进行精度检查和调整,确保设备的各项参数处于最佳状态。同时,为了减少设备磨损和防止意外事故发生,维护人员还需要定期对设备进行润滑、清洁和紧固等工作。对于大型仓储设备,由于其体积和重量的特殊性,维护要求更加严格。大型仓储设备的运行需要耗费大量的能源和资源,因此,维护人员需要重点关注设备的节能减排和环保性能。在日常维护中,应定期检查设备的运行状况和润滑状况,及时发现并处理潜在的故障隐患。此外,为了确保大型仓储设备的稳定运行,维护人员还需要定期对设备进行全面的检查和维护,包括对设备的结构、电气系统、控制系统等进行全面的检测和维修。

稀有仓储设备的维护要求主要集中在保护设备和确保设备正常运作方面。由于这些设备通常具有独特性和不可替代性,其维护和管理需要更加专业和细致。维护人员需要具备丰富的专业知识和技能,能够正确地操作和维护设备。同时,为了确保设备的正常运作,维护人员还需要定期对设备进行预防性维护和保养,及时发现并处理潜在的故障隐患。关键仓储设备的维护要

求主要集中在确保设备的可靠性和稳定性方面。这些设备在企业的生产流程中发挥着至关重要的作用,其正常运行对于企业的生产效率和经济效益具有重大影响。因此,维护人员需要采取一系列措施来确保关键仓储设备的可靠性和稳定性,应建立完善的设备管理档案和维修记录,对设备的运行状况和维护历史进行全面的记录和管理。同时,还应加强对操作人员的培训和管理,提高他们的设备操作和维护技能水平。

四、仓储设备管理的任务

(一)合理选用设备

在现代化企业的运营中,设备作为重要的生产工具,其选择和使用对于企业的生产效率和经济效益具有至关重要的影响。首先,合理选用设备是实现企业技术进步和生产力提升的重要途径。随着科技的不断发展,新设备、新技术层出不穷,为企业提供了更多的选择和可能性。企业应关注设备的技术先进性,选用具有较高技术含量的设备,以提升生产效率和产品质量。同时,企业还应注重设备的经济合理性,确保所选设备在满足生产需求的同时,具有良好的性价比和经济效益。其次,合理选用设备需要全面规划、合理配置,根据实际需要,合理配置设备的型号、规格和数量,确保所选设备能够适应企业的实际生产环境,发挥出最佳的性能和效率。同时,企业还应充分考虑设备的维护保养和升级换代的需求,确保所选设备具有良好的可维护性和可持续性。

企业应综合考虑设备的性能、价格、可靠性、安全性等方面的因素,进行全面的技术经济评价。通过对比不同设备的优缺点和经济效益,选择最适合企业生产需求的设备。同时,企业还应考虑设备的生命周期成本,包括购买成本、运行成本、维护成本等方面的因素,以实现长期的成本控制和经济效益最大化。

在技术经济评价过程中,企业应注重定性分析和定量分析的结合。定性分析应关注设备的可靠性、易用性、可维护性等方面的因素;定量分析则应关注设备的生产效率、能耗、原材料消耗等方面的数据。通过综合分析,企业可以更加全面地了解设备的性能和经济效益,为合理选用设备提供科学依据。此外,企业在合理选用设备时还应关注设备的环保性能和社会效益。随着社会对环境保护的日益重视,企业的环保责任也越来越重。企业应选择具有环保性能的设备,减少生产过程中的环境污染和资源浪费。同时,企业还应关注设备的社会效益,选择符合国家产业政策、有利于推动社会进步的设备。

（二）保持设备完好

在现代化企业的生产运营中，设备作为核心要素，其完好的技术状态对于企业的生产效率和经济效益至关重要，保持设备完好，有助于满足企业生产经营的需要。首先，设备安装的正确性直接影响到设备的运行效果和使用寿命，企业应重视设备的安装工作，严格按照设备的安装说明书和专业技术要求进行操作，确保设备的安装位置、角度、高度等参数符合设计要求，为设备的正常运行提供良好的基础。其次，正确地使用是保持设备完好的关键。企业应制定设备操作规程，明确设备的操作步骤、注意事项和安全要求，确保操作人员能够正确、安全地使用设备。同时，企业应加强设备操作人员的培训和管理，增强他们的操作技能和安全意识，使他们能够熟练掌握设备的操作技巧和具备应对突发状况的能力。对此，企业应建立健全的设备维修保养制度，定期对设备进行检查、清洗、润滑、紧固等保养工作，及时发现并处理设备的异常情况。同时，企业应根据设备的运行状况和维修需要，制订合理的检修计划，对设备进行全面的检查和维修，确保设备的各项性能指标达到要求。在维修和检修过程中，企业应注重采用先进的检测技术和维修方法，提高维修效率和设备可靠性。并且，企业应建立完善的安全管理体系，制定设备安全操作规程和应急预案，加强设备运行过程中的安全监控和预警，确保设备运行过程中的安全可控。

随着技术的不断进步和设备的更新换代加速，企业应关注设备的性能指标和发展趋势，及时对老旧设备进行更新换代，提高设备的整体性能和可靠性。在更新换代过程中，企业应综合考虑设备的性能、价格、兼容性等方面的因素，选择最适合自身生产需求的设备。

（三）充分发挥设备效能

首先，企业在选择设备时，应根据自身的生产需求、工艺流程、场地条件等因素进行全面评估。选用技术先进、性能优良、经济合理的设备，能够为企业带来更高的生产效率和经济效益。同时，企业应制定科学合理的工艺规范，确保设备在生产过程中能够发挥出最佳性能。其次，通过技术改造提升设备的可靠性与维修性、提高设备的可利用率是充分发挥设备效能的重要手段。随着技术的不断进步，对设备进行技术改造和升级换代是企业提高生产效率和产品质量的重要途径。企业应关注新技术、新工艺的发展动态，及时引进先进的改造技术和方法，提高设备的可靠性和稳定性。同时，企业应建立健全的维修保养体系，定期对设备进行检查、保养和维修，确保设备始终处于良好的工作状态。提高设备的可利用率意味着减少设备的停机时间和故障率,从而提高企业的生产效率和经济效益。最后,企业应制订科学的生产计划和维修计划,合理安排设备的生产任务和维修周期。通过优化生产流程和资源配置,降低设备的空闲时间和等待时间,提高设备的利用率。同时,企业应加强对设备的监测与评估,及时发现设备的异常情况和潜在隐患,采取相应的措施进行预防和处理。合理的维修计划能够确保设备得到及时的保养和维修,延长设备的使用寿命,降低维修成本。

此外,企业还应注重对员工的培训和教育,提高员工的技术水平和操作技能。员工是设备的直接使用者和管理者,他们的技能水平和操作习惯直接影响到设备的效能发挥,通过培训和教育,使员工熟悉设备的性能、操作规程和保养要求,能够提高设备的利用率和可靠性,降低设备的故障率。在充分发挥设备效能的过程中,企业还应关注环境保护和可持续发展。通过选用环保型的设备和工艺,采取节能减排措施,降低企业的环境污染和资源消耗。同时,企业应关注设备的回收和再利用,合理处理废旧设备,推动企业的可持续发展。

(四)取得良好的投资收益

一方面,企业在选择和购买设备时,应根据自身的实际需求和市场状况进行全面评估。通过对设备的性能、价格、可靠性等方面的综合比较,选择性价比最优的设备,避免盲目追求高端或低成本而导致的投资风险。同时,企业应根据自身的生产计划和业务需求,合理安排设备的数量和规模,确保设备的配置既能满足生产需求,又能避免浪费和闲置。另一方面,提高设备利用率是取得良好投资收益的关键。设备的利用率直接影响到企业的生产效率和经济效益。企业应加强对设备的维护保养,定期对设备进行检查、清洗、润滑等保养工作,确保设备始终处于良好的工作状态。同时,企业应合理安排生产计划,优化生产流程,提高设备的作业效率。通过减少设备的空闲时间和等待时间,降低设备的维修率和故障率,从而提高设备的利用率和投资收益。

企业在设备管理过程中,应注重成本控制,降低设备的运行成本和维护成本,通过制订合理的维修计划和保养计划,及时发现和处理设备的故障和隐患,减少设备的维修费用和更换配件的费用。同时,企业应关注设备的能耗和资源消耗,采取节能减排措施,降低设备的运行成本。通过有效的成本控制,企业可以提高设备的投资收益,增强自身的竞争力。并且,随着科技的不断发展,新的设备管理理念和技术不断涌现。企业应关注行业动态和技术发展趋势,积极引进先进的设备管理方法和维修技术,提高设备管理的效率和可靠性,通过技术创新和管理创新,企业可以降低设备的维护成本和使用成本,提高设备的投资收益和市场竞争力。另外,企业应加强与供应商的合作与交流,建立长期稳定的合作关系。供应商是企业设备管理的重要合作伙伴,通过与供应商的沟通与合作,企业可以获得更好的技术支持和售后服务,降低设备运行和维护的风险。同时,企业应关注供应商的产品研发和创新动态,共同探索新的解决方案和技术创新,提升企业的设备管理水平和技术实力。

第三章　仓储作业流程管理

第一节　入库作业管理

一、入库前准备

(一)编制仓库货品入库计划

在仓库业务管理中,货品入库计划是一项至关重要的任务。它是仓库业务计划的重要组成部分,基于企业货品供应业务部门提供的货品进货计划进行编制。该计划的目的是确保仓库能够有序、高效地接收、存储和管理货品,以满足生产和销售的需求。以下将深入探讨如何编制仓库货品入库计划,以实现业务协同与精细化管理。首先,编制仓库货品入库计划需要充分了解企业的生产和销售需求。企业应与货品供应业务部门保持密切沟通,及时获取各类货品的进库时间、品种、规格、数量等信息。通过深入分析这些数据,仓库管理人员可以了解货品的进货规律和需求变化,为编制计划提供有力支持。同时,企业还应关注市场动态和行业趋势,以便对货品需求做出准确预测,提前调整和优化入库计划。

其次,编制仓库货品入库计划需要综合考虑仓库的存储能力和设备资源。仓库的存储能力决定了能够容纳的货品种类和数量,而设备资源如叉车、货架等则直接影响货品的搬运和存储效率。因此,在编制计划时,仓库管理人员应根据仓库的实际条件进行合理规划,确保货品的有序存放和快速周转。同时,还应充分考虑货品的特性、包装、重量等因素,制订相应的存储和搬运方案,确保货品的安全与质量。

此外,企业应建立完善的协同工作机制,确保货品供应业务部门、仓库管理部门以及其他相关部门之间的有效沟通与合作。通过信息共享平台,各部门可以实时获取货品的进货计划、库存状况、出库安排等信息,以便更好地协调工作。这有助于减少重复劳动和信息孤岛现象,提高整体运营效率。同时,企业还应加强与供应商的沟通与合作,确保货品的及时供应和质量稳定。

在具体操作中,仓库管理人员应细化入库计划,明确各类货品的存放位置、搬运流程、验收标准等事项。通过制定详细的操作规程和责任分工,确保每个环节都有专人负责,提高计划的执行效率。同时,还应加强计划的灵活性,以便应对实际操作中可能出现的变化和异常情况。例如,当某一货品的实际到货数量与计划有较大偏差时,仓库管理人员应及时调整存储和搬运策略,确保整体工作的顺利进行。随着科技的不断进步,越来越多的智能化和自动化技术被应用于仓库管理领域。企业应积极引进先进的仓储管理系统、物联网技术、人工智能等技术手段,提高仓库的信息化和智能化水平。通过新技术和新方法的应用,可以大幅提高仓库的出入库效率、降低人工成本、减少差错率,提升企业的整体竞争力。在入库过程中,应严格执行质量检验标准,确保货品的品质符合要求。对于不合格的货品,应及时进行处理并追溯原因,防止类似问题再次发生。同时,还应加强仓库的安全管理,制定完善的安全规章制度和应急预案,确保人员和货品的安全。通过落实质量管理和安全防范措施,可以降低风险和损失,保障仓库的正常运营。

(二)入库前的准备工作

一方面,企业应根据货品的特性、数量、到达时间等信息,制订详细的实施方案。该方案应明确货品的存放位置、搬运流程、检验标准等内容,为后续工作提供指导和依据。同时,方案中还应考虑人力、物力资源的合理配置,确保各项工作能够高效、有序地进行。另一方面,企业应根据货品的到达时间、地点、数量等信息,预先做好到货接运、装卸搬运、检验、堆码等工作的组织安排,这包括确定所需人员的数量、技能要求和职责分工,以确保每个环节都有专人负责。此外,企业还应注重提高员工的业务素质和操作技能,定期进行培训和考核,以确保他们能够胜任各自的工作岗位。在准备工作中,根据入库货品的种类、包装、数量等情况以及接运方式,确定搬运、检验、计量等方法也是至关重要的。企业应根据实际情况选择合适的搬运工具和设备,如叉车、拖车等,以确保货品能够安全、快速地进入仓库。同时,检验和计量工作也是必不可少的环节,企业应制定相应的检验标准和方法,配备必要的检验器材和度量衡器,确保货品的品质和数量符合要求。

除了人力和物力资源的准备外,环境条件的控制也是入库前准备工作的关键要素之一。企业应根据货品的特性和存放要求,对仓库的温度、湿度、清洁度等环境条件进行监测和控制。对于一些特殊货品,如易燃易爆物品或需要特殊储存条件的货品,企业应采取相应的安全措施和特殊储存方式,确保货品的安全和稳定。此外,在入库前准备工作中,企业还应注重信息的收集和整理。这包括了解货品的来源、生产日期、保质期等信息,以及与供应商的沟通与协调。通过信息的收集和整理,企业可以更好地掌握货品的实际情况,为后续的存储和管理提供有力支持。同时,企业还应建立完善的信息管理系统,实现信息的实时更新和共享,提高管理效率和准确性。

二、货品接运

(一)专用线接运

货品接运是仓库管理中不可或缺的一环,其效率直接影响到整个仓储体系的运作,专用线接运作为其中的一种方式,具有其独特的优势和应用场景,它是指铁路部门将转运的货品直接送到仓库内部的专用线的一种接运方式,这种接运方式需要仓库具备与铁路直接相连的专用线,以便直接将货品送入仓库,大大简化了货品的转运流程。

一方面,专用线接运的优势在于它能够显著提高货品的转运效率,通过直接将货品送入仓库内部,省去了中转环节,减少了货品的搬运次数,从而降低了货品在转运过程中的损坏率。另一方面,专用线接运还能够提高仓库的吞吐量。通过提高货品的转运效率,企业可以更快地完成货品的进出库操作,从而提高仓库的吞吐量。然而,尽管专用线接运具有诸多优点,但并非所有情况都适用。其适用范围主要集中在那些货品量大、中转频繁、需要快速转运的行业,如制造业、物流业等。

要实施专用线接运,企业需要具备与铁路直接相连的专用线,这是实施专用线接运的前提条件。企业需要与铁路部门建立良好的合作关系,以确保货品的及时到达和顺利转运。此外,企业还需要建立完善的仓库管理制度和操作规程,确保货品的快速、准确进出库。同时,企业还需要配备高素质的员工队伍,具备专业的操作技能和管理经验,以确保仓库的高效运转。在实施过程中,企业需要对仓库进行合理布局,根据货品的特性和进出库频率合理安排货位,以提高进出库效率。而且还需要选择合适的装卸设备和技术,以提高货品的装卸速度和减少损坏率。并需要建立完善的调度和信息管理系统,对货品的进出库进行实时监控和管理,确保货品的及时到达和顺利转运。

专用线接运作为一种高效的货品接运方式,具有广泛的应用前景。随着物流行业的快速发展和市场竞争的加剧,越来越多的企业开始意识到专用线接运的优势和应用价值。未来,随着技术的不断创新和管理水平的不断提高,专用线接运的应用范围将进一步扩大,为企业带来更多的经济效益和竞争优势。

（二）车站、码头提货

提货是指收货人根据运输合同或协议,从承运人或其代理人处提取货物的行为。在物流运输中,提货是最后一个环节,涉及货品的实际交付和收货人权益的保护。因此,提货手续的规范化和标准化至关重要。车站、码头作为常见的货物集散地,其提货手续存在一定的差异。具体来说,到车站提货的手续相对统一和规范,而到码头提货的手续可能因码头、泊位等不同而有所差异。

当收货人需要到车站提取货物时,应向车站出示"领货凭证"。领货凭证是证明收货人身份和权益的重要文件,通常由发货人提供给收货人。如果领货凭证未能及时寄达收货人,收货人可以凭借单位证明或在货票存查联上加盖单位提货专用章,以此证明自己的身份和权益,从而将货物提取出来。这种做法是为了保障收货人的合法权益,确保货品能够安全、及时地交付给正确的收货人。相比之下,码头提货的手续略有不同。由于码头是一个复杂的物流枢纽,涉及不同泊位、船只、货物等因素,因此提货人需要遵守更加严格的规定。在到码头提取货物之前,提货人需要事先在提货单上签名并加盖公章或附单位提货证明。然后,提货人需要到港口换取货运单,只有持有货运单的提货人才有权提取货物。最后,提货人可以根据货运单上的信息到指定的库房提取货品。这一系列操作都是为了保证货物在码头的安全和防止货物被误提或盗窃。除了上述提到的差异外,车站、码头提货的手续还有其他一些细微的不同之处。这些差异主要源自两个运输场所的特点和管理模式的不同。车站通常更加统一和规范,而码头则更加灵活和复杂。因此,在实际操作中,相关从业人员需要结合具体情况和场所特点进行操作,以确保货品的安全、及时交付。

（三）自己提货

首先,自提方式能够提高货品的验收效率。由于提货与验收同时进行,减少了货品的转运环节和时间,从而加快了验收速度。其次,自提方式有助于确保货品的质量。在供货单位当场进行验收,可以及时发现货品的外观和质量问题,避免了在运输过程中或长时间存储后才发现问题的情况。然而,自提方式并非适用于所有情况。其适用范围主要集中在那些需要快速验收和确保货品质量的行业,如食品、医药、电子产品等。在这些行业中,自提方式能够充分发挥其优势,提高企业的运营效率和市场竞争力。在实施自提货品方式的过程中,企业需要根据货品的性质、规格、数量等信息,提前准备好所需的设备、工具、人员。这有助于确保在到供货单位后能够迅速展开验收工作。再次,企业需要严格遵守验收流程和操作规程,确保货品的数量和质量符合要求。同时,企业还需要做好验收记录,及时发现和处理问题货品。最后,企业需要加强与供货单位的沟通和协作,及时反馈问题和解决问题,以提高整个供应链的协同效率。

此外,为了提高自提货品方式的效率和质量,企业还可以采取一些创新的管理措施和技术手段。例如,采用物联网技术实时监控货品的温度、湿度等参数;利用大数据分析预测货品的供需情况;采用自动化设备进行货品的快速分拣和搬运等。这些先进技术的应用将有助于提高仓库的管理水平和运营效率。

(四)送货上门

首先,送货上门能够省去中转环节,提高货品的转运效率。传统的中转方式需要经过多个环节,而送货上门则直接将货品送达目的地,减少了中间环节和时间,提高了转运效率。其次,送货上门能够减少货品的破损率。在中转过程中,货品可能因为搬运、装卸等原因造成损坏,而送货上门则减少了这些环节,从而降低了货品的破损率。此外,送货上门还能够降低仓储成本。由于减少了中转环节和时间,企业可以减少用于中转仓库的租赁费用和管理成本,从而降低整体的仓储成本。此外,送货上门还能够提供更好的客户体验。对于客户而言,能够在家门口或办公室收到货品,省去了自行取件的时间和精力。同时,送货上门也增加了企业的销售额和市场份额。通过提供更好的服务,企业可以吸引更多的客户,增加销售额和市场份额。

然而,送货上门方式并非适用于所有情况,其适用范围主要集中在那些货品量大、中转频繁的行业,如电商物流、快递行业等,要实施送货上门方式,企业需要做好以下几个方面的准备工作。首先,企业需要具备相应的硬件设施,如车辆、仓库等。其次,企业还需要建立完善的员工培训体系和管理制度,确保员工具备专业的操作技能和管理经验。最后,企业还需要加强与客户的沟通和协作,及时反馈问题和解决问题,以提高客户满意度和忠诚度。

三、货品验收

(一)验收的要求

货品验收作为物流管理中的重要环节,对于确保货品的质量、安全以及完整性具有至关重要的作用。在货品验收过程中,需要遵循一系列严格的要求,以确保验收工作的准确性和可靠性。一方面,在验收过程中,必须对每一批货品的数量进行仔细清点和核实,确保数量与发货单或订单上的数量相符。对于小件货品,可能需要进行称重或测量,以确认实际数量。任何数量的差异都应被记录并调查,以防止出现短缺或超量的情况。另一方面,货品验收的另一个重要要求是确保货品的质量符合标准或合同规定。质量验收包括外观检查、功能测试以及性能评估等方面。外观检查主要关注货品的完整性、是否有损坏或瑕疵。功能测试和性能评估则针对特定货品的特定功能进行检测,以确保其性能符合预期。对于需要特定专业技能或设备的验收任务,应由专业人员或机构进行。此外,货品验收还需关注货品的来源和合规性。验证货品的来源主要是为了防止假冒伪劣产品进入供应链,应核实货品的生产商、品牌、原产地等信息,确保其合法性和真实性。合规性检查则涉及检查货品是否符合相关法律法规、行业标准以及客户特定要求。例如,食品应符合食品安全法规,医疗器械应符合相关标准和认证要求。

在货品验收过程中,准确记录所有相关信息至关重要,验收记录应包括货品的详细信息、验收日期、参与人员、质量状况、数量核实结果等,这些记录有助于确保可追溯性和责任归属,并为后续的审计和质量控制提供依据。一旦发现任何问题,记录有助于企业迅速采取纠正措施并追踪问题根源。另外,对于可能存在安全隐患或对环境造成影响的货品,应进行相应的检测和评估。同时,为提高货品验收的效率和准确性,应采用适当的验收工具和技术。这可能包括电子秤、测量工具、检测设备等,以及自动化系统和软件,如条形码技术、RFID(无线频率识别)技术等。这些工具和技术有助于减少人为错误、加快验收速度并提高准确性。另外,建立完善的验收程序和制度也是至关重要的。这包括制定详细的验收流程、标准操作规程(SOP)、培训计划等,以确保所有相关人员都清楚自己的责任并具备执行验收任务所需的技能和知识。此外,定期对验收程序进行审查和更新也是必要的,以适应市场变化和业务发展需求。

(二)验收的方式

验收是货物管理过程中的一个重要环节,主要涉及对货物数量、质量的检查和确认。在验收工作中,通常采用的方式主要有全检与抽检两种,这两种方式各有特点,适用范围也不同。首先,全检是指对所有货物进行全面、细致的检查。这种方式能够确保所有货物的质量都符合要求,但同时也需要投入大量的人力、物力和时间资源。因此,全检通常适用于数量较少,对质量要求较高的货物验收。例如,对于一些高价值的精密仪器、医疗器械等,由于其质量和性能要求较高,通常采用全检方式以确保其质量和性能符合要求。相比之下,抽检则是一种相对较为灵活、快速的验收方式。它通过随机选取一定比例的货物进行详细检查,并根据检查结果推断整体货物的质量状况。这种方式能够减少验收时间和成本,提高工作效率,适用于数量较大、对质量要求相对较低的货物验收。例如,对于一些日常用品、普通耗材等,由于其质量和性能相对稳定,通常采用抽检方式进行验收。

值得注意的是,无论是全检还是抽检,都需要制定科学、合理的验收标准和程序。验收标准应明确货物的质量、性能、外观等方面的要求,为验收工作提供依据。同时,验收程序也需要规范化和标准化,以确保验收工作的准确性和可靠性。此外,随着现代物流和信息技术的发展,智能化的验收方式也逐渐得到应用。通过引入自动化设备、传感器等技术手段,实现对货物的快速、准确检测和识别。这种方式能够大大提高验收效率和准确性,降低人工误差和成本,是未来验收工作的发展趋势。

四、入库交接

(一)交接手续

交接手续是仓库与承运方之间确认货品收到的过程,旨在明确双方责任,确保货品的准确和安全交接。在办理交接手续时,必须进行一系列规范的操作,以确保运输、送货和仓库各方的权益得到保障。首先,仓库需要对收到的货品进行详细的理货和查验。这一环节至关重要,因为它有助于发现货品可能存在的问题,如数量不符、质量瑕疵或表面状态不良等。通过剔除不良货品、退回问题货品或者编制残损单证等方式,明确货品的实际数量和表面状态,确保仓库接收的货品符合要求。其次,仓库需要接收送货人提供的货品资料和其他相关文件。这些文件包括货运记录、普通记录以及运输单证上注明的相应文件,如图纸、准运证等。这些文件是确认货品来源、运输过程和责任归属的重要依据,因此必须认真核对并妥善保存。另外,仓库与送货人或承运人需共同签署必要的单证。这些单证包括送货单、交接清单等,并需在相应单证上签署确认。签署过程不仅是对货品交接的正式确认,也是划分运输、送货和仓库各方责任的关键环节。通过签署相应的单证,可以保留有效证据,避免后续的责任纠纷。见表3-1。

表 3-1　某仓库到货交接单

收货人	发站	发货人	品名	标记	单位	件数	重量	车号	运单号	货位	合同号
备注											
送货人				接货人				经办人			

（二）登账

货品入库是仓库管理中的关键环节，它涉及货品的接收、存储和跟踪等方面。为了确保仓库的有效运作和货品的准确管理，仓库需要建立详细的明细账，以便记录货品的动态和出入库过程。货品入库明细账是仓库管理的重要组成部分，通过建立明细账，仓库可以全面了解货品的存储情况，包括货品的名称、规格、数量、件数、累计数或结存数、存货人、批次、金额等信息，这些信息不仅有助于仓库管理人员掌握货品的实时库存情况，还可以为后续的出库、调拨等操作提供准确的依据。

在登账过程中，需要特别注意货品的名称、规格和数量等信息，这些信息是确认货品身份和属性的重要标识，必须准确无误地记录在明细账中。同时，件数和累计数或结存数的记录也非常重要，它们能够帮助仓库管理人员了解货品的进出库动态，确保库存的准确性。此外，存货、批次和金额等信息的记录也是必要的，它们有助于明确货品的来源和价值，为财务管理和成本核算提供依据。除了基本信息外，明细账中还需要注明货位号或运输工具、接（发）货经办人等附加信息。这些信息有助于明确货品的存放位置和运输方式，为后续的拣选、发货等操作提供便利。同时，通过记录接（发）货经办人的信息，可以明确责任归属，为后续的责任追溯提供依据。

（三）立卡

在人工管理的仓库中，货品入库或上架后，为了便于管理和追踪，通常需要将货品的详细信息记录在一种称为"料卡"的纸质或电子媒介上。料卡，又称为"货卡"或"货牌"，是仓库管理中一种传统的记录方式，用于标识货品的名称、规格、数量或出入状态等信息。料卡一般会被插放在货架上货品下方的货架支架上，或者摆放在货垛正面明显位置。这样做的好处是，任何进入仓库的人都可以一目了然地看到货品的详细信息，便于管理、查询和盘点。同时，通过这种方式，可以有效地提高仓库的空间利用率，减少货品的混乱和丢失。料卡上的信息对于仓库管理人员来说至关重要，因为它们可以帮助管理人员快速了解货品的存储情况，包括哪些货品在仓库中、数量多少、规格如何等。

此外,料卡还可以记录货品的出入库情况,包括入库时间、出库时间、出库数量等,这对于后续的库存管理和财务管理非常有帮助。料卡的制作和管理也需要遵循一定的规范和标准。首先,料卡的格式应该统一,包括字体、字号、颜色等都需要有明确的规定。其次,料卡的信息应该准确、完整,不得有遗漏或错误。最后,料卡应该定期进行更新和维护,以确保其信息的实时性和准确性。

在传统的仓库管理中,料卡是一种非常重要的管理工具。但是随着信息技术的发展和仓库管理自动化的趋势,一些现代化的仓库已经开始采用电子化的方式来替代传统的料卡。例如,通过引入电子标签、无线射频识别等技术手段,可以实现对货品的实时追踪和管理,提高仓库的管理效率和准确性。

(四)建档

建档是组织或机构中非常重要的管理活动,它指的是为了有效地管理和利用资源,对相关信息进行收集、整理、分类、存储、检索和利用的过程。建档的目的是提供一个完整的、可靠的信息资源库,以满足组织或机构内部和外部的信息需求。建档的主要内容包括信息的收集、整理、分类、存储、检索和利用等环节。在收集信息时,需要明确收集范围、收集方式和收集周期等,确保信息的完整性和准确性。在整理信息时,需要对信息进行筛选、核对和整合,去除重复和错误的信息,保证信息的质量。在分类信息时,需要按照一定的标准和规则进行分类,以便于信息的存储和检索。在存储信息时,需要选择合适的存储介质和存储方式,确保信息的安全性和可靠性。在检索信息时,需要提供多种检索方式和检索手段,以便快速准确地获取所需信息。在利用信息时,需要充分挖掘信息的价值,为组织或机构的决策和管理提供支持。

建档的过程需要遵循一定的原则和方法。首先,建档需要遵循科学的方法和流程,确保信息的准确性和完整性。其次,建档需要结合组织或机构的实际情况和需求,制定合理的建档方案和规则。再次,建档需要充分利用现代信息技术手段,提高建档的效率和效果。另外,建档需要注重信息的保密和安全,防止信息泄露和滥用。

第二节　在库作业管理

一、物品的分区分类

物品的分区管理是仓库整体规划的基础,仓库保管场所的建筑、设备等条件是进行分区的重要依据。根据这些条件,可以将仓储区域划分为若干个保管区,每个保管区专门用于存储某一类或某几类物品,这样的划分方式有利于提高仓储空间的利用率,同时还能降低管理难度,便于员工快速熟悉各自负责的区域。在具体实施分区管理时,应充分考虑物品的特性、存储需求以及安全要求。例如,危险品和一般物品应分开存放,以防止意外事故的发生;有毒物品和食品应严格隔离,确保食品安全;性能相互抵触或容易串味的物品也应分开存放,以保持物品原有品质。

物品的分类管理则是基于物品的自然属性、养护需求和消防要求进行的。通过将仓储物品划分为若干类,可以更好地满足业务需求,提高仓储效率。分类管理的一个显著优点是便于按种类集中储存于相对固定的货区。这样做的好处在于减少不必要的搬运和移动,降低仓储成本,同时还能提高库存的准确性和可追溯性。在进行分类管理时,应充分考虑物品的共性和特性,以便合理安排存储空间和养护方法。例如,相同性质的物品可能有着不同的养护需求,这就需要仓库管理员在分类时充分考虑这些因素,为不同类别的物品制定合理的养护策略。

在对物品进行分区分类时,确保物品存储安全是首要任务,危险品、有毒物品以及性能相互抵触的物品都需要特别关注,对于这些特殊物品,应采取严格的管理措施和安全防护措施,如设置专门的安全区域、配备相应的安全设备和专业人员等。此外,应定期进行安全检查和评估,确保各项安全措施得到有效执行。为了实现分区分类管理的目标,还需要建立完善的仓库管理系统。这个系统应包括库存管理、货位管理、作业管理、安全管理和绩效评估等多个模块。通过这个系统,仓库管理者可以全面了解仓库的运行情况,及时发现并解决问题。同时,这个系统还能为决策者提供数据支持,帮助其做出更加科学合理的决策。

二、货位及其编号管理

货位规划是仓库管理的基础工作之一,其核心是通过合理规划库区,对库存进行分类保管、建立保管秩序,以达到提高仓储效率和降低管理成本的目的。货位规划的原则包括:合理布局、分类管理、便于存取、提高空间利用率以及确保安全。在规划过程中,应充分考虑物品的特性、进出库频率、存储要求等因素,以便为不同类型的物品安排合适的存储区域。

货位编号是货位管理的核心内容之一,通过编号可以将货位进行统一标识和管理。编号的目的是方便仓库管理人员快速准确地定位到所需物品的货位,提高作业效率和准确性。货位编号的方法可以根据仓库的具体情况而定,但一般应遵循唯一性、可扩展性、可读性等原则。编号的具体格式可以根据实际需求进行调整,如采用数字、字母组合等。在编号过程中,应充分考虑未来可能的发展和变化,留有一定的扩展空间。

货位管理的另一个重要方面是对货位的合理利用。在确保安全的前提下,应尽可能提高货位的利用率,以降低仓储成本。为了实现这一目标,可以采取多种措施,如优化货位布局、采用先进的货架设备等。此外,还可以通过定期对货位进行调整和维护,保持其良好的使用状态。

为了实现货位及其编号的有效管理,还需要建立完善的仓库管理系统。该系统应包括货位管理模块、库存管理模块、作业管理模块等。通过这些模块的协同工作,可以实现货位的动态管理、库存的实时更新以及作业过程的全程监控。此外,该系统还具备数据分析功能,通过对仓库运行数据的挖掘和分析,为管理者提供决策支持。

三、物品堆码

(一)堆码的原则

物品堆码的原则是现代物流领域中一项重要的技术,它涉及物品的存储、保管、运输和配送等方面。为了确保物品的安全、完整和高效流通,必须遵循一定的原则。其中,分类存放、选择适当的装卸搬运设备、面向通道不围不堵是三个重要的原则。

首先,在物流过程中,物品的种类繁多,性能各异,必须对其进行合理的分类,以便采取相应的堆码措施。分类存放可以将物品按照其特性、规格、用途等因素进行划分,以便更好地进行管理和操作。例如,可以将易碎品、易燃品、食品等不同类型的物品进行分类存放,以避免相互影响和混淆。同时,分类存放还有利于提高仓库的利用效率和降低管理成本。其次,在物流过程中,物品需要进行多次装卸和搬运,因此必须选择适当的设备以提高效率和减少损坏。不同的设备和工具具有不同的特点和适用范围,应根据实际情况进行选择。例如,对于重量较轻、体积较小的物品,可以选择手推车或叉车等设备进行搬运;对于重量较大、体积较大的物品,可以选择吊车或搬运机械等设备进行操作。同时,在使用设备进行装卸和搬运时,还需要注意安全问题,如防止物品滑落、倾倒等。此外,在物品的堆码过程中,应将物品面向通道放置,以便更好地管理和操作。面向通道放置可以方便货物的进出和检查,同时也有利于提高仓库的空间利用率。最后,在堆码过程中,不应将货物堆积过高或过密,以免造成安全隐患和影响货物的保管质量。如果货物过高或过密,不仅会增加管理难度和操作风险,还可能影响货物的通风和温度等环境因素,从而影响货物的保管质量。因此,在堆码过程中应遵循"不围不堵"的原则,保持货物的通风和温度等环境因素的稳定。

随着现代物流技术的不断发展,物品堆码的技术和方法也在不断更新和完善。未来,随着人工智能、大数据等新技术的应用,物品堆码将更加智能化、自动化和精细化。这些新技术的应用将进一步提高物品堆码的效率和准确性,减少人工干预和操作风险,为物流行业的可持续发展提供有力支持。因此,我们应关注新技术的发展和应用,不断学习和掌握新的知识和技能,以适应物流行业的快速发展和变化。同时,随着全球环境问题的日益严重,绿色物流已成为当今物流行业的重要发展方向。在物品堆码过程中,应尽量减少对环境的污染和破坏,采取环保措施和技术,如使用环保材料、减少包装废弃物等。此外,还应积极探索和应用节能减排技术,如太阳能、风能等可再生能源的应用,以实现物流行业的可持续发展。

(二)物品堆垛存放的基本方法

物品堆垛存放是物流管理中一项重要的操作,其基本方法包括合理规划、分类存放、保持通风、遵循安全原则等。这些方法的合理运用对于提高仓库的利用效率、保障物品的安全和质量具有重要意义。

首先,在仓库布局方面,应充分考虑货物的特性、进出库频率等因素,合理划分货物存放区域,以提高仓库的利用效率。同时,在堆垛过程中,应根据货物的尺寸、重量等特点,合理规划货物的堆放高度、间距等,以确保货物的稳定性和安全性。其次,在物品存放过程中,应根据物品的属性、规格、用途等因素进行分类,并采用不同的堆垛方式进行存放。分类存放可以避免不同物品之间的相互影响,保持物品的完整性和质量。同时,分类存放还有利于提高仓库的利用效率和降低管理成本。并且,在物品存放过程中,应保持仓库通风良好,及时排除湿气和异味,以避免物品受潮、发霉等问题。同时,应根据物品的特性和环境要求,保持稳定的温度环境,以避免物品受温差影响而出现变形、损坏等问题。为了实现这一目标,可以采用相应的通风和温度调控设备进行管理。

在物品堆垛存放过程中,应遵循安全第一的原则,确保操作人员的安全和货物的稳定性。例如,在堆垛过程中,应避免货物倾倒、滑落等危险情况的发生。同时,应定期检查货物的稳定性,及时发现和处理安全隐患,确保仓库的安全运行。除了以上基本方法外,物品堆垛存放还需要注意货物的标识和记录管理。对于每个堆垛的货物,应进行明确的标识和记录,包括货物的名称、规格、数量、质量等信息。这有利于对货物进行追溯和质量控制,确保货物的安全可靠。同时,通过信息化管理技术的应用,可以实现货物信息的快速录入、查询和统计,提高管理效率和准确性。此外,在物品堆垛存放过程中,还应根据实际情况进行定期盘点和整理。这有助于及时发现和处理货物的损坏、丢失等问题,保证货物的完整性和准确性。同时,通过定期整理和调整堆垛方式,可以提高仓库的利用效率和货物的保管质量。

四、盘点作业

(一)盘点作业的步骤

在准备阶段,首先需要对盘点作业进行规划和安排,这包括确定盘点的范围、对象和时间,制订盘点计划,分配盘点人员和资源,以及准备必要的盘点工具和设备。在这个阶段,还需要对仓库内的物品进行整理和排列,以便更方便地进行清点和核对。接下来是执行阶段,这个阶段是盘点作业的核心部分。在这个阶段,盘点人员需要按照盘点计划进行实际清点和核对工作。这包括对每个物品进行逐一清点,核对物品的名称、规格、数量等信息,以确保仓库内的物品与系统中的记录一致。同时,还需要对物品的状态进行检查,如是否有损坏或过期等情况。在执行阶段,还需要注意安全问题,如防止物品掉落、滑坡等安全风险。另外,是总结阶段,这个阶段主要是对盘点结果进行分析和总结。根据盘点结果,可以对仓库内的物品进行全面的了解和分析,如物品的数量、分布、状态等情况。同时,还需要对盘点过程中发现的问题进行分析和总结,如找出管理漏洞、改进措施等,以提高仓库的管理水平。此外,还需要及时更新仓库管理系统中的数据,以保证仓库管理系统的准确性和实时性。物品除了盘点时产生数量的盈亏外,也可能在价格上产生增减,因此在经主管审核后,用表3-2所示的更正表进行更正。

表 3-2　物品盘点数量盈亏、价格增减更正表

年　　月　　日

物品编号	物品名称	单位	账面资料			盘点实存			数量盈亏				价格增减				差异因素	负责人	备注
									盘亏		盘盈		增价		减价				
			数量	单价	金额	数量	单价	金额	数量	金额	数量	金额	单价	金额	单价	金额			

（二）盘点的种类与方法

账面盘点，又称为永续盘点，是一种将每天入库及出库物品的数量及单价记录在计算机或账簿上，并不断累计加总，以算出账面上的库存量及库存金额的方法。这种方法的关键在于及时更新库存信息，保证账面数据与实际库存保持一致，通过账面盘点，管理者可以随时了解仓库的库存情况，便于制订更为精确的采购和销售计划。同时，账面盘点还有助于发现库存管理中的漏洞和错误，提高库存管理的精确度和有效性。与账面盘点不同，现货盘点又称为实地盘点，是一种实际去点数调查仓库内的库存数，再依物品单价计算出实际库存金额的方法。这种方法更注重实际库存的清点和核对，以确保库存的实际数量和质量与账面记录相符。现货盘点通常在特定的时间进行，如定期盘点或年终大盘点。在进行现货盘点时，需要全面清点仓库内的物品，包括数量、品种、规格、质量等各方面信息，以保证盘点的准确性和完整性。

总的来说，账面盘点和现货盘点各具特点，在实际应用中应根据具体情况选择合适的方法。账面盘点可以实时监控库存情况，有助于及时调整和优化管理策略；而现货盘点则更注重实际库存的清点和核对，有助于发现和纠正管理中的漏洞和错误。在实际操作中，可以将两种方法结合使用，以提高盘点的准确性和效率。

第三节　出库作业管理

一、货品出库的依据与要求

（一）货品出库依据

出库功能作为仓库管理的重要组成部分，其运作必须严格按照货主的出

库通知或请求进行。这一原则确保了仓库管理的规范性和货主的权益。任何情况下,仓库管理都应保持对货主库存的尊重,不得擅自使用、变相使用或外借货主的库存物品。这一行为准则体现了仓库管理中的诚信原则和责任意识。出库功能的启动应以货主的出库通知或请求为依据,这是确保仓库管理规范化的基础。无论在何种情况下,仓库管理都应保持货主库存的独立性和安全性,确保货主的利益不受损害。这种规范化的操作方式有助于建立仓库与货主之间的互信关系,提高仓库的信誉度和服务质量。

同时,货主的出库通知或出库请求的格式可能因实际情况而有所不同。无论采用何种形式,都必须符合财务制度的要求。这要求仓库管理人员具备较高的专业素养和责任心,能够准确理解并执行货主的出库请求,确保出库操作的准确性和合规性。在这一过程中,仓库管理人员应积极与货主沟通,明确出库请求的具体要求和细节,以确保出库操作的顺利进行。此外,为了提高出库操作的效率和准确性,仓库还应不断优化内部管理流程,提高信息化水平,建立完善的出库操作规范和流程。通过引入先进的仓库管理系统和技术手段,实现出库操作的自动化和智能化,减少人为错误和延误,提高仓库的整体运营效率。同时,仓库还应加强与货主的沟通和合作,共同推动物流行业的可持续发展。

针对财务制度的要求,仓库管理人员需要深入了解相关规定和标准,确保出库操作符合财务要求。这包括核对货主的出库通知或请求中的信息,如物品名称、数量、价值等,确保信息的准确性和完整性。同时,仓库管理人员还需要了解财务结算流程和相关单据的开具要求,以便在出库操作完成后及时进行结算和处理。另外,为了提高出库操作的准确性和效率,仓库还应建立健全的考核和奖惩机制。通过对仓库管理人员的日常工作进行考核和评估,激励员工不断提高工作质量和效率。同时,对于因个人疏忽或违规操作导致的问题,也应依法依规进行处理和惩罚,以维护仓库管理的严肃性和规范性。

(二) 货品出库要求

在出库过程中,首先,必须确保货品的名称、数量、规格等信息与出库单据相符,防止出现错发、漏发、多发的情况。其次,必须确保出库货品的完整性,包括外包装、配件、说明书等,不得出现破损、缺失等现象。最后,货品必须按照客户的要求及时送达,避免影响客户的生产和经营。在货品的出库过程中,必须确保货品的安全,防止出现被盗、损坏等情况。并且,货品的出库必须符合相关的管理规定和操作规范,防止出现违规操作和安全隐患。

因此,首先要建立健全的仓库管理制度和操作规范,明确货品的出库流程和要求,制定相应的管理措施和奖惩机制。其次要加强仓库管理人员的培训和管理,提高其专业素质和工作责任心,确保其能够熟练掌握货品的出库要求和操作技能。最后,要合理规划仓库布局和货位安排,提高仓库的空间利用率和货品的存储质量。同时,要加强货品的盘点和清查工作,及时发现和处理货品的缺失、损坏等情况。

在具体的操作中,首先要在出库前核对货品的名称、数量、规格等信息,确保与出库单据一致。对于有外包装和配件的货品,要检查外包装是否完好、配件是否齐全。对于易碎、易损的货品,要采取相应的保护措施,防止在装卸、运输过程中出现破损、碰撞等情况。在出库过程中,要遵守相关的管理规定和操作规范,不得出现违规操作和野蛮装卸。对于贵重、易盗的货品,要加强监管和防盗措施。在出库后,要及时清理现场和核对货品,确保货品的准确性和完整性。

二、货品出库方式

送货制,作为一种在仓库管理中常见的发货形式,其核心在于根据货主单位的出库通知或出库请求,通过一系列的发货作业,将应发货品交付给运输部门,以送达收货单位或使用仓库自有车辆将货品运送到收货地点,这种发货形式,不仅体现了仓库服务的主动性,更是物流管理精细化的一个重要体现。

而从收货单位的角度来看,送货制的实施无疑为他们带来了极大的便利。许多时候,由于人力、车辆等资源的限制,收货单位可能会面临取货困难的问题。而通过送货机制,这些困扰得以消除,收货单位可以更加专注于自身的核心业务,而不必为货品的取送而分心。

此外,从运输的角度考虑,送货制也有其独特的优势。通过合理使用运输工具,仓库可以更为精准地匹配货源和运输资源,从而减少不必要的运费支出。这不仅节约了仓库成本,也为整个物流链条的优化做出了贡献。

进一步,我们还需要关注送货制在实际操作中的具体应用和影响。在实践中,送货制的实施往往需要一套严密的操作流程和规范来支撑。从接收出库通知或请求开始,仓库就需要进行一系列的准备工作,包括货品的挑选、包装、标记以及与运输部门的协调等。每一个环节都需要严谨细致地操作,以确保货品能够安全、准时地送达目的地。

三、出库业务程序

在出库之前,需要进行充分的准备工作,以确保出库的顺利进行。这些准备工作包括确认出库指令、制订出库计划、备货与核实、协调运输、安排装卸以及出库单据准备等环节。这些环节相互关联,缺一不可,需要仓库管理人员具备高度的专业素养和责任心,确保每一项工作都得到有效执行。在完成出库前的准备工作后,就可以按照预定的出库计划进行出库操作。这个过程包括核对待出库货品、打印相关单据、货品移交、出库信息登记、装车发运、出库信息反馈以及出库记录与统计等环节,这些环节环环相扣,需要严格按照操作规范和管理制度进行,确保货品的安全、完整和质量,在整个出库过程中,需要加强与相关部门和人员的沟通和协作,确保出库的顺利进行。

四、出库中发生问题的处理

在仓库管理中,出库业务是其中一个非常重要的环节,但同时也是问题频发的环节。在这个过程中,无论是由于人为操作失误还是管理上的不足,都可能出现各种问题,对整个物流链的顺畅运作造成影响。因此,首先对出库中发生的问题进行有效的处理是至关重要的。在出库过程中,可能会遇到各种问题,如提货单填写错误、货品损坏、数量不符等。这些问题不仅会影响出库的效率,还可能引发客户的不满和投诉。因此,对于出库中发生的问题,必须采取及时、有效的措施进行处理。其次,提货单是仓库管理中非常重要的凭证,它记录了货品的名称、数量、规格等信息,是客户提取货品的依据。因此,对于提货单上的问题,必须认真对待,确保其准确性和完整性。还需要加强对提货单填写的管理,要求填写人员仔细核对信息,避免出现填写错误或遗漏的情况。同时,还应加强对填写人员的培训和教育,提高其责任心和专业素质。最后,应建立提货单审核机制。在提货单流转过程中,应有专人对提货单的内容进行审核,确保信息的准确性。对于出现问题的提货单,应及时进行处理和修正。

在出库过程中,有时会出现提货数与仓库实存数不符的情况。这可能是由于库存管理不善、操作失误等原因造成的,对于这种情况,必须采取相应的措施进行处理。应核实实际情况,对仓库进行清点,确定货品的实际数量和种类是否与提货单相符。如果发现数量或种类不符的情况,应及时查明原因并处理。

串发货和错发货是出库过程中常见的两种问题。这两种问题的出现往往会给客户带来麻烦和损失,因此必须采取有效的措施进行处理。对每批出库的货品进行仔细的检查和核对,确保发出的货品与提货单相符,对于出现问题的货品,应及时进行追回或补发。并且,应加强员工的培训和教育,提高员工对货品的认识和识别能力,使其能够准确地区分不同种类的货品。同时,还应加强员工的工作责任心教育,使其能够认真对待出库工作。在出库过程中,有时会出现包装破漏的情况,这可能是由于包装不严实、运输过程中出现碰撞等原因造成的,对于这种情况,必须采取相应的措施进行处理。采用更加牢固的包装材料和方式进行包装,并在装卸和运输过程中加强保护和管理。同时,还应定期对包装进行检查和维护,确保包装的完好性。

第四节 仓 储 单 证

一、仓储单证概述

仓储单证是物流和仓储管理中的重要工具,主要用于记录和追踪货物的流动。在复杂的物流网络中,这些单证充当着"轨迹记录器"的角色,确保货物的正确、及时流动。

仓储单证不仅仅是简单的纸质证明,而是包含一系列详细信息的文档,用于描述货物从入库到出库的整个流程。它们是仓库管理者、物流公司、货运代理和其他相关方之间沟通的桥梁,确保各方对货物的状态和位置有统一的认识。

二、仓储单证的类型和内容

(一)仓储单证的类型

在物流和仓储管理中,仓储单证作为关键的作业凭证,具有不可或缺的地位。它们不仅为操作提供依据,而且确保了信息的准确传递。仓储单证有多种类型,每种类型都服务于特定的操作或管理目的。常见的仓储单证包括入库单、出库单、库存清单、调拨单和盘点单等。

1. 入库单:当货物进入仓库时,需要填写入库单以记录货物的详细信息,如品名、规格、数量、质量等级等,以及货物的存放位置。

2. 出库单:当货物从仓库中发出时,需要填写出库单以明确货物的发货地址、运输方式和相关费用等。

3. 库存清单:用于记录仓库中各类货物的库存情况,包括货物的品名、数量、存放位置等,以便于管理人员随时了解仓库的库存状态。

4. 调拨单:在仓库间的货物调拨过程中使用,用于记录调拨货物的信息以及调拨的原因和目的。

5. 盘点单:用于定期或不定期对仓库中的货物进行清点和检查,以确保库存的准确性。

（二）仓储单证的内容

每种仓储单证都有其特定的内容和信息要求,以确保信息的完整性和准确性。

1. 入库单:除了上述的货物信息外,还需包括收货人、收货日期、验收情况等。

2. 出库单:除了发货信息外,可能还包括提货人身份验证、发货时间等。

3. 库存清单:主要是对仓库中现有货物的实时统计,包括位置、数量、质量状况等。

4. 调拨单:除货物信息外,还需注明调拨原因、调拨仓库、调拨负责人等。

5. 盘点单:主要记录盘点的时间、盘点人员、货物的实际数量和系统记录的数量对比等。

三、仓储单证的操作流程

（一）入库流程与单证操作

入库流程与单证操作是仓储管理中的重要环节,涉及货物从供应商到仓库的转移。

1. 接收货物

供应商将货物送至仓库,仓库工作人员进行初步的货物检查。确认货物的品名、规格、数量是否与订单或合同相符。

2. 准备入库单

根据货物的实际情况和验收结果,准备相应的入库单。入库单应详细记录货物的信息,如品名、规格、数量、质量等级等。

3. 货物验收

对货物进行详细的验收,确保货物的质量、数量、包装等符合要求。在入库单上记录验收结果,如有异常情况应及时处理并记录。

4. 货物上架

根据入库单上的存放位置指示,将货物放置在指定的货架或区域。确保货物的摆放整齐、安全,并遵循仓储管理规定。

5. 单证核对与存档

入库完成后,核对入库单上的信息是否与实际货物一致。将入库单进行存档,以便于后续的查询和审计。

6. 系统录入与更新

将入库信息录入仓储管理系统,更新库存状态。确保系统中的数据与实际货物情况一致。

(二)出库流程与单证操作

出库流程与单证操作是仓储管理中的关键环节,涉及货物从仓库到外部的转移。

1. 出库申请与审核

客户或内部部门提出出库申请,仓库管理人员根据库存情况进行审核。审核内容包括货物品名、规格、数量、质量等级等是否符合要求。

2. 生成出库单

根据出库申请,生成相应的出库单。出库单应详细记录发货信息,包括发货地址、运输方式、费用等。

3. 拣货与打包

根据出库单上的货物信息,拣选相应的货物。对拣选的货物进行质量检查,确保发货质量。对货物进行适当的包装,确保在运输过程中不受损坏。

4. 单证核对

出库前核对出库单上的信息与实际货物是否一致。确保所有相关单证,如装箱单、发票等,信息准确无误。

5. 移交与装载

将拣选好的货物移交给运输部门或第三方物流公司进行装载。确保货物的移交过程安全、有序,防止出现错发、漏发等情况。

6. 单证归档与更新

出库完成后,将出库单和其他相关单证进行归档。更新仓储管理系统中的库存信息,反映货物的减少或转移。

(三)库存管理流程与单证操作

库存管理是仓储管理中的核心环节,涉及货物的入库、出库以及在库管理。

1. 入库管理

货物经过验收后,进入仓库并按照预定的存储要求放置。实时更新库存记录,确保库存信息的准确性。

2. 在库管理

定期对库存货物进行盘点,确保实际库存与系统记录一致。根据货物的特性进行分类存放,遵循先进先出原则。对库存货物进行定期检查,确保货物质量。

3. 出库管理

根据销售订单或内部需求,安排货物的出库。出库前核对出库单信息与实际库存的一致性。确保出库货物的准确性和及时性。

4. 单证操作

在整个库存管理流程中,涉及的单证操作包括但不限于生成入库单、出库单、盘点单等,这些单证用于记录货物的出入库情况以及库存变动信息。此外,单证操作还包括与其他部门的协同工作,如与财务部门共同处理与库存相关的账务问题,与销售部门合作处理客户需求等。这些单证操作对于确保库存数据的准确性和完整性至关重要,也是实现库存管理规范化的重要手段。

（四）盘点流程与单证操作

盘点是仓储管理中用于确认库存实际情况的关键过程。

1. 计划与准备

确定盘点的范围、时间、人员和工具。准备相关的单证,如盘点表、库存记录等。

2. 实地盘点

盘点人员按照预定的计划实地检查仓库内的货物。对货物进行清点,记录实际数量、规格等信息。

3. 数据核对

将盘点结果与库存记录进行核对,确保数据的准确性。如果发现差异,及时进行调查并调整记录。

4. 差异分析

分析盘点过程中发现差异的原因,如记录错误、货物损坏等。制定相应的措施,防止类似差异再次发生。

四、仓储单证的管理与规范

（一）单证管理制度的建立与完善

单证管理是仓储物流领域中至关重要的环节,涉及各类单证的生成、传递、核对与存档。

1. 制度建立的背景和意义

随着全球化和电商的迅猛发展,物流和仓储行业日趋繁忙,涉及的单证数量也大幅增加。确保单证信息的准确性和及时性对于企业的运营至关重要,因为错误的单证可能导致货物延误、损坏或丢失,给企业带来重大损失。因此,建立一套完善的单证管理制度具有极高的现实意义。

2. 制度的核心内容

单证分类与标准化:明确各类单证的用途、格式和内容,确保所有单证均符合国家和行业的标准。

单证生成与审核流程:制定详细的流程,规定何时、如何生成单证,以及单证审核的标准和责任人。

单证传递与追踪:规范单证的传递方式、时间和责任人,确保信息的及时传递和安全送达。

单证存储与备份:明确单证的存档位置、备份方式和周期,确保数据的长期可追溯性。

单证安全性与保密:制定严格的单证保护措施,防止信息泄露和篡改。

单证管理制度的培训与宣传:定期对员工进行培训,提高其对单证管理制度的认识和执行力。

单证管理制度的监督与考核:设立专门的监督机构或人员,定期对制度的执行情况进行检查和考核。

(二)单证填写规范与要求

在仓储和物流领域,单证作为交易和沟通的主要工具,其准确性和规范性至关重要。

1. 单证填写的规范

使用标准格式:所有单证应采用行业或国家标准格式,确保信息的完整性和一致性。

信息准确完整:单证上的所有信息,包括货物描述、数量、价值、运输详情等,都必须准确、完整。

清晰易读:填写单证时,应使用清晰、易读的字体,避免模糊或难以辨认的信息。

逻辑一致性:单证上的信息应保持逻辑一致,避免自相矛盾的信息。

遵循法规要求:单证的内容必须符合相关法律法规的要求,不得有任何违法信息。

2. 单证填写的具体要求

明确货物描述：在单证上明确列出货物的名称、规格、型号等信息，确保收货方能够准确识别货物。

准确记录数量和重量：对于货物数量和重量，应进行仔细核实，并在单证上准确记录。

详细列出货物的价值与保险信息：如果涉及货物价值，应明确标明货物的价值、保险等信息，以避免纠纷。

提供运输详情：单证上应明确列出货物的运输方式、运输日期、运输路线等信息。

完整填写收货人信息：确保收货人的全名、地址、联系方式等信息准确无误。

注明交货地点与方式：明确货物的交货地点和交货方式，避免收货方与发货方之间的误解。

保留相关证明文件：对于某些特殊货物，可能需要提供额外的证明文件，如原产地证明、质量检测报告等。这些文件应与单证一起妥善保存。

及时更新信息：如果单证上的信息发生变化，应及时更新单证内容，确保信息的时效性和准确性。

使用专业术语：在填写单证时，应使用专业术语，避免产生歧义或误解。

签名与盖章：确保所有单证都有相关责任人的签名和公司盖章，以增加单证的法律效应和可信度。

通过遵循上述规范与要求，可以确保单证填写的准确性和规范性，从而提高仓储和物流运作的效率，降低潜在风险和纠纷。同时，企业应定期对员工进行单证填写规范的培训和考核，确保所有员工都能熟练掌握并遵循这些规范与要求。此外，随着技术的不断进步和应用，电子化单证管理系统的出现也为单证填写提供了更为便捷和高效的工具支持，有助于提升企业的运营效率和合规性水平。

（三）单证保管与存档规定

在仓储和物流领域，单证作为交易的凭证和法律依据，其保管与存档的重要性不容忽视。

1. 单证保管与存档规定的重要性

法律依据：单证作为交易和运输过程中的重要法律依据，必须得到妥善保管,以确保在争议或纠纷情况下能够提供有效的证据。

完整性保障:确保单证信息的完整性对于交易的顺利进行至关重要。损坏或丢失的单证可能导致交易受阻或产生额外成本。

审计与合规要求:企业需定期进行内部或外部审计,单证存档为审计过程提供了完整的资料支持,有助于确保合规性。

防止欺诈与误导:完整的单证存档能够防止不法分子利用不真实或篡改的单证进行欺诈活动。

2. 单证保管与存档规定的核心内容

存档时间规定:明确单证的存档时间,通常为交易完成后的若干时间,确保重要资料得到长期保存。

存档方式:根据企业实际情况,可选择纸质存档或电子化存档方式。电子化存档需确保数据的安全性和完整性。

分类与索引:建立单证的分类与索引系统,便于快速查找和检索特定单证。

存储环境要求:确保存档环境的湿度、温度等条件符合存档要求,以防止单证损坏或信息丢失。

定期审查与更新:定期审查存档的单证,确保其完整性和有效性。对过时或无效的单证进行清理。

保密与安全:采取适当的保密和安全措施,防止单证信息泄露或被非法获取。

备份与恢复计划:制订备份和恢复计划,以防数据丢失。定期进行数据备份并测试恢复流程的有效性。

与其他系统的集成:确保单证管理系统与其他相关系统(如 ERP、CRM等)能够无缝集成,以提高信息共享和协同效率。

员工培训与意识提升:定期对员工进行培训,提高其对单证保管与存档规定的认识和重视程度。

制度更新与改进:根据企业业务发展和外部环境的变化,持续优化和完善单证保管与存档规定。

法规遵从与审计准备:确保单证保管与存档规定符合相关法律法规的要求,并为可能的审计做好充分准备。

通过实施严格的单证保管与存档规定,企业可以确保单证信息的完整性和安全性,为业务的顺利开展提供有力支持。同时,不断完善和优化相关规定能够提高企业的合规性和市场竞争力。随着信息化和数字化技术的快速发展,企业应积极探索先进的电子化单证管理系统,以提高存档效率和数据安全性,更好地适应不断变化的市场需求和行业发展趋势。

第五节　越库流程设计与管理

一、越库的定义及特点

越库作业,也被称为直接换装或交叉转运,是一种先进的物流管理策略。其核心思想是货物在进入仓库时,不进行入库存储,而是直接进行分拣、配货,然后转运到指定的目的地。这种作业方式极大地减少了仓库的存储时间,以及货物的中转次数,从而显著提高了物流效率。越库作业的本质在于对传统仓储流程的优化和再造,在传统的仓储模式下,货物进入仓库后需要经过一段时间的存储,然后根据订单进行分拣、包装、配送等环节。这种模式在处理大量货物时效率较低,并且增加了库存成本和货物滞销的风险。而越库作业通过直接在仓库进行分拣和配货,避免了货物的存储环节,从而实现了物流效率的提升。

越库作业简化了传统仓储流程,将入库存储和出库配送两个环节合并,直接在仓库进行分拣和配货。这种做法减少了货物在仓库的存储和中转环节,降低了相应的成本。而且,越库作业减少了仓储环节和中转次数,加快了物流的响应速度。货物能够在更短的时间内送达目的地,满足了客户对快速配送的需求。并且,越库作业能够根据实际需求和市场状况,合理配置资源。通过减少仓储环节,企业可以更灵活地调整库存和运输策略,实现资源的优化利用。此外,越库作业依赖于先进的信息技术,如物联网、大数据分析等。这些技术能够实时追踪货物的状态,确保物流信息的准确性和实时性,从而提高信息处理效率。另外,越库作业减少了货物的中转次数和运输距离,从而降低了能源消耗和碳排放。这种环境友好的特点符合可持续发展的要求,有利于企业的绿色形象建设。

二、越库作业系统

越库作业作为一种先进的物流管理策略,其成功实施首先需要准确了解进入货物的品类和目的地信息,并依赖于一个设计合理的货物装载作业系统,这一系统要求在无库存、无延时、实时信息交换和货物运输的基础上,实现高效的物流运作。

在越库作业中,准确了解货物的品类和目的地信息是至关重要的。这需要建立一个完善的货物信息管理系统,能够实时更新和追踪货物的动态,通过实时获取货物的品类、数量、目的地和交货时间等信息,越库作业能够准确预测货物的流动需求,优化运输路径和资源配置。这种信息透明化有助于减少物流过程中的不确定性,提高运输效率,防止错误率和延误情况的发生。

此外,越库作业的成功实施还需要依赖于一个设计合理的货物换载作业系统。这一系统需要具备快速、准确地完成货物换载的能力,以满足不断变化的运输需求。通过合理布局货物装卸设备、优化作业流程和提高作业人员技能水平,货物换载作业系统能够实现高效、安全和可靠的货物转运。为了实现这一目标,企业需要采用先进的物流技术和设备,如自动化装卸设备、智能调度系统和实时监控设备等,以提升作业系统的效率和准确性。

在实施越库作业时,企业还需要特别关注无库存、无延时、实时信息交换和货物运输等方面的要求。无库存要求企业实现库存管理的精益化,通过实时追踪货物信息和市场需求,实现库存水平的合理控制,降低库存成本和资金占用。无延时则要求企业提高物流运作的时效性,通过优化运输路径、提高运输效率和管理水平,确保货物按时送达目的地。实时信息交换要求企业建立健全的信息共享机制,实现供应链各环节的信息互通和协同运作,提高整个供应链的透明度和运作效率。货物运输则要求企业提供安全、可靠的运输服务,确保货物的完整性和交付质量。

三、越库类型

制造商越库是指制造商直接将生产出的产品越过仓库,直接发送到下游客户或经销商手中的物流模式。这种模式的优势在于减少了制造商的库存压力和仓储成本,同时能够更好地满足客户需求和提高产品的新鲜度。例如,一些生鲜食品制造商采用越库模式,将产品直接从生产线送到冷链运输车,避免了仓储环节对产品质量的影响。

经销商越库是指经销商采用越库模式,直接将采购的商品发送到指定的销售地点,避免了仓库存储和中转环节。这种模式有助于经销商降低库存成本、提高物流效率和减少资金占用。例如,一些电商平台采用越库模式,将商品直接从供应商处运送到配送中心,避免了中间的仓储环节和物流中转,提高了订单处理速度和客户满意度。

运输公司越库是指运输公司采用越库模式,将货物直接运送到目的地,避免了中间的仓储和中转环节。这种模式有助于运输公司提高运输效率、降低运输成本和减少货物滞留时间。例如,一些快递公司采用越库模式,将收件人的货物直接运送到目的地,减少了中间的仓储和中转环节,提高了配送效率。

零售公司越库是指零售公司采用越库模式,将采购的商品直接存储在销售场所,避免了仓库存储和中转环节。这种模式有助于零售公司降低库存成本、提高销售效率和减少物流中转成本。例如,一些便利店采用越库模式,将商品直接存储在货架上,根据销售情况随时进行补货和调整,提高了货架的陈列效果和客户购物体验。

总之,不同类型的越库作业在运作方式、目的和优势等方面存在一定的差异,制造商越库有助于减少库存压力和仓储成本;经销商越库有助于提高物流效率和降低资金占用;运输公司越库有助于提高运输效率、降低成本和减少滞留时间;而零售公司越库则有助于降低库存成本、提高销售效率和提升客户体验。因此,企业可以根据自身实际情况和业务需求选择适合的仓库类型,以实现更好的物流管理效果和经济效益。

四、越库的实施

一方面,企业需要清晰地确定越库作业的目的和期望达到的效果,例如提高物流效率、降低成本、优化库存管理等,在此基础上,企业应对越库作业进行合理的定位,根据自身实际情况和业务需求选择适合的越库类型,并制订相应的实施计划。另一方面,建立完善的硬件设施和信息系统对于越库作业的实施至关重要。硬件设施包括仓库、货架、装卸设备等,需要投入必要的资金进行建设和升级。同时,高效的信息管理系统对于越库作业的实施至关重要,包括货物信息录入、库存管理、订单处理、运输跟踪等功能模块。通过建立完善的信息系统,企业可以实现信息的实时更新和共享,提高物流运作的效率和准确性。

越库作业需要与供应商、客户和物流服务提供商等合作伙伴密切合作,共同实现物流的高效运作。因此,建立互利共赢的合作关系,明确各方的职责和权益,共同制订实施方案和操作规范至关重要,通过与合作伙伴的协同合作,企业可以更好地整合资源、优化流程,提高物流运作的效率和可靠性。此外,企业需要对原有的物流流程进行全面的分析和优化,去除冗余环节,提高运作效率,通过采用先进的物流技术和设备,优化仓储和运输环节的流程,可以提高物流运作的效率和准确性。同时,进行管理创新,建立适应越库作业的管理制度和考核机制,激发员工的积极性和创造力,推动越库作业的顺利实施。通过管理创新,企业可以打破传统的管理模式和思维惯性,推动越库作业的顺利实施和管理水平的提升。

并且,企业需要对越库作业中可能出现的风险进行充分评估和预防,例如货物损坏、延误交付等。通过建立完善的风险控制机制和应急预案,企业可以降低风险发生的概率和影响程度。同时,建立持续改进机制,不断监测和分析越库作业的运作情况,及时发现和解决问题,持续优化和提高运作效率。通过持续改进和创新,企业可以不断提升越库作业的水平和竞争力。

第四章 仓储管理经济分析

第一节 仓储成本与仓储成本管理

一、仓储成本

(一) 仓储成本的构成

一方面,货品的存储和管理是仓储成本的核心,仓库的租赁、设备购置和维护、员工薪酬等固定成本是仓储成本的主要组成部分。此外,还包括库存管理、货品分类、安全监管等方面的运营成本。另一方面,货品的装卸和运输也是仓储成本的重要组成部分。随着物流行业的发展,货品的装卸和运输已经成为仓储成本中增长最快的部分,装卸设备的购置、维护和操作成本以及员工的薪酬是该部分的主要开销。并且,随着电子商务的迅猛发展,物流配送和最后一公里配送成为仓储成本的重要组成部分。配送人员的薪酬、配送车辆的购置和维护以及配送中心的运营成本等都在增加仓储成本的负担。此外,货品的损坏和损耗也是仓储成本中不可避免的一部分,为了减少货品的损坏和损耗,企业需要加强仓库的设施建设和管理,提高货品的存储和管理水平。另外,有效的仓储成本控制可以帮助企业降低运营成本、提高运营效率和市场竞争力。因此,企业需要加强仓储成本控制,建立完善的成本控制体系和规范的成本核算方法,提高仓储管理水平和成本控制能力。

(二) 仓储费用的构成

一方面,存储费用是仓储费用的重要组成部分,是物资在保管期间的直接成本,与物资的保管时间和数量密切相关。另一方面,装卸费用也是仓储费用中的重要部分。装卸费用包括装车费、卸车费、转库费和短途运输费等。这些费用是由于物资的装卸和搬运作业所产生的,与物资的保管和运输密切相关。随着物流行业的发展,装卸费用在仓储费用中所占的比重逐渐增加。此外,管理费用也是仓储费用中的一部分,管理费用包括仓库管理人员工资、办公费、差旅费等,这些费用是为了保证仓库的正常运转和管理所产生的。另外,保险费用也是仓储费用的一部分。保险费用是为了保障物资在仓储过程中的安全和减少损失而产生的。保险费用的高低与物资的价值、仓库的安全设施和管理水平等因素密切相关。

(三)仓储费率的构成

货物的仓储费率是一个复杂而又重要的概念,它涉及企业在仓储过程中的各种成本和费用,仓储费率由多个部分组成,其中最主要的是存储费率、进出库货物装卸搬运费率和其他劳务费率。首先,存储费率是货物在仓库中存储期间所产生的费用。这个费用与仓库的类型、规模、设施以及管理方式等因素有关,一般来说,仓库的类型和规模越大,设施和管理越先进,存储费率就越高。存储费率通常包括仓库租赁费用、货架购置和维护费用、仓储设备购置及折旧费用等,这些费用是为了保证物资能够在仓库中得到妥善保管和存放而产生的。在制定存储费率时,企业需要考虑仓库的运营成本和市场需求,以确保费率的合理性和可行性。

其次,进出库货物装卸搬运费率是货物在进出仓库过程中所产生的装卸和搬运费用。这个费用与货物的种类、数量、重量以及运输距离等因素有关。一般来说,货物的种类越多、数量越大、重量越重,运输距离越远,进出库货物装卸搬运费率就越高。企业需要制定合理的费率标准,以保证仓库的正常运转和货物的及时进出库。同时,企业还需要加强装卸搬运环节的管理和控制,以提高装卸效率、减少货物损坏和降低装卸成本。另外,其他劳务费率包括仓库管理人员的工资、办公费、差旅费等。这些费用是为了保证仓库的正常运转和管理所产生的。其他劳务费率在仓储费率中所占的比重较小,但对于提高仓储管理效率和降低物资损耗具有重要意义。企业需要加强仓库管理人员的管理和培训,提高他们的专业素质和工作能力,以降低其他劳务费率并提高仓储管理效率。

二、仓储成本管理

(一)仓储成本管理的内容

仓储及库存成本是企业运营中的重要组成部分,其涉及的因素复杂多样,在追求企业运营效率与经济效益的过程中,仓储及库存成本的管理与控制成了一个不可忽视的环节。如何实现仓储成本的最优化,确保其既能满足企业的运营需求,又能降低不必要的投入,是每个企业都需要面临和解决的问题。

首先,我们需要明确仓储及库存成本的构成。这主要包括仓储设施的租赁或购买、仓储设备的购置和维护、库存商品的保管和保养,以及与仓储管理相关的人工成本等。这些成本在企业的运营中是必不可少的,但如何合理地控制和管理这些成本,使之既能满足企业的运营需求,又能降低不必要的投入,是企业需要面临的挑战。

仓储及库存成本的管理与控制,实质上是在保障企业正常运营的前提下,寻求投入与产出的最优解。这不仅仅是一个简单的成本问题,更是一个涉及企业整体运营效率和经济效益的问题。过度的仓储和库存可能会增加企业的运营成本,而不足的仓储和库存则可能影响到企业的正常运营和客户的满意度。因此,如何在保障企业正常运营的前提下,合理地控制和管理仓储及库存成本,成为企业迫切需要解决的问题。

在实践中,企业需要根据自身的实际情况和市场环境,制定出符合自身需求的仓储及库存策略。这需要综合考虑企业的生产计划、销售预测、物流配送等多个方面的因素。同时,企业还需要通过现代化的信息技术手段,实现对仓储及库存的实时监控和管理,提高仓储及库存管理的效率和准确性。

(二)仓储成本分析的目的

通过深入分析仓储成本,企业可以更精准地控制库存量,使其保持在最佳状态,从而最大限度地减少人力、物力和材料的消耗,同时确保供给保障的最大化,这种精细化管理不仅有助于提高企业的运营效率,还能显著降低仓储成本,为企业创造更大的经济效益。

在库存控制方面,企业应采取科学的方法和策略,确保库存量既不过多也不过少。过多库存会导致物资积压,增加仓储成本和资金占用成本;过少库存则可能影响生产和销售的正常进行,甚至导致客户满意度下降。因此,合理控制库存量是降低仓储成本的关键。为了实现最佳库存量,企业需要进行精确的需求预测和供给计划。需求预测涉及对市场需求的深入分析,以及对产品生命周期和销售趋势的准确判断。供给计划则需根据需求预测结果,合理安排生产和采购计划,以确保库存量与实际需求相匹配。

在控制仓储成本的过程中,企业应注重提高物资的周转率。通过优化物资的入库、存储、出库等环节,提高仓储作业的效率,缩短物资在仓库的停留时间,从而降低仓储成本。此外,企业还应加强物资的分类管理,根据物资的性质、用途和存储要求进行合理分类,以便更好地实现物资的快速进出库和高效存储。降低仓储成本还需要依靠现代化的信息技术手段。通过引入仓储管理信息系统(WMS),企业可以实现仓储作业的自动化和智能化。WMS 可以对物资的入库、存储、出库等环节进行实时监控和管理,提高仓储作业的准确性和效率。同时,通过数据分析挖掘物资的规律和趋势,为企业制定更加科学合理的仓储策略提供有力支持。

此外,企业应重视对仓储设施的维护和管理。良好的仓储设施是确保物资安全、减少物资损耗的基础。企业应定期对仓储设施进行检查和维护,及时修复损坏设施,以确保其正常运行。同时,企业还应关注仓储设施的环境控制,如温度、湿度等,以确保物资的存储环境符合要求。另外,人力资源管理也是降低仓储成本的重要方面,通过合理配置人力资源、提高员工素质和技能水平、建立有效的激励机制等措施,可以激发员工的工作积极性和创造力,提高仓储作业的效率和质量。同时,企业还应注重员工培训和发展,为员工提供学习和成长的机会,促进员工的个人成长和职业发展。

(三)降低仓储成本的途径

仓储成本是指在企业的运营过程中,为了满足生产和销售的需要,对物料、半成品和成品等进行存储、保管、维护、装卸等作业所发生的各种费用,仓储成本包括多个方面,如仓储设施的租赁或购买、仓储设备的购置和维护、库存商品的保管和保养,以及与仓储管理相关的人工成本等。了解这些成本的构成,有助于企业发现仓储环节中的问题和浪费现象,进而采取措施优化和降低仓储成本。降低仓储成本的目的在于提高企业的经济效益和市场竞争力。在保证生产和销售需求的前提下,企业需要采取一系列措施来降低仓储成本,例如优化仓库布局、提高仓储作业效率、采用先进的仓储管理软件和技术、减少库存量等,这些措施可以提高企业的响应速度,降低库存成本,增强企业的盈利能力。

在降低仓储成本的过程中,企业需要综合考虑多个因素,如物流总成本、运输成本、配送成本、服务质量和目标水平等。由于这些因素之间存在效益背反的现象,企业需要在保证物流总成本最低和不降低总体服务质量和目标水平的前提下进行仓储成本的优化。为了实现这一目标,企业需要采取科学的方法和策略进行仓储成本管理。首先,企业需要对仓储环节进行全面分析和评估,找出存在的问题和浪费现象,并采取相应的改进措施。其次,企业需要建立完善的仓储管理制度和流程,确保仓储作业的规范化和高效化。最后,企业还需要引入先进的仓储管理软件和技术,提高信息化水平和工作效率。同时,企业需要注重人力资源管理,提高员工的素质和技能水平。通过培训和教育,使员工具备专业知识和技能,能够更好地执行仓储作业和管理任务。此外,企业还应建立有效的激励机制,激发员工的工作积极性和创造力,提高整体管理水平和工作效率。另外,企业需要与供应商和客户保持良好的合作关系。通过与供应商建立长期合作关系,确保物料供应的稳定性和及时性;与客户的沟通与协作有助于了解市场需求和期望,为提高服务质量和目标水平提供有力支持。

第二节　仓储业务收入

一、仓储业务收入概述

(一)仓储业务收入的定义

仓储业务收入是指仓储服务提供者通过为货物提供存储、管理、保养等服务所获得的报酬。它是仓储业务运营的重要组成部分,反映了仓储服务的质量和价值。

在学术性的语境中,我们可以进一步将仓储业务收入定义为:

仓储业务收入主要来源于仓储服务提供者与货主之间基于服务使用达成的交易。其性质通常是货币性的,代表着货物在仓储过程中的增值活动或必要的保管费用。主要包括基础租金、延时费、增值服务费和其他与仓储相关的费用。这些费用不仅覆盖了仓储设施的运营成本,还为服务提供者提供了合理的利润空间。

在会计处理上,仓储业务收入应根据提供的服务类型和时间进行计量和确认。它通常在服务提供时或在特定的时间段内进行确认,并记录在企业的收入账目中。仓储业务收入作为物流业务链中的一部分,与其他物流服务如运输、配送等紧密相连。它不仅是物流服务效率的体现,也是企业整体盈利能力的重要因素。

仓储业务收入受到市场供求关系、竞争状况、行业法规等多种因素的影响。这些因素共同决定了仓储服务的价格水平和企业的收入状况。随着物流行业的快速发展和技术进步,仓储业务的收入模式和来源也将发生变化。例如,智能仓储、冷链物流等新兴领域将为仓储服务提供者带来新的收入增长点。

(二)仓储业务收入的重要性

在物流与供应链领域,仓储业务收入不仅是企业利润的主要来源之一,更是衡量仓储服务水平和运营效率的重要指标。

1. 利润来源与经济效益

仓储业务收入为企业提供了稳定的现金流,有助于支持企业的日常运营和扩张。合理的仓储业务收入结构能够帮助企业实现盈利最大化,提高经济效益。

2. 服务水平与市场竞争力

高质量的仓储服务往往能够获得更高的收入,反映了企业的服务水平与市场竞争力。仓储业务收入的增加通常意味着客户对企业服务的满意度和忠诚度提高,有助于企业巩固市场地位。

3. 运营效率与资源配置

仓储业务收入可以作为衡量运营效率的指标,引导企业优化资源配置,降低成本。通过分析收入数据,企业可以发现仓储运营中的瓶颈和潜力,进而采取改进措施。

4. 投资决策与长期发展

仓储业务收入对于企业的投资决策具有重要参考价值,例如设施扩建、技术升级等。良好的收入表现可以增强企业的信誉,为其在资本市场获得融资提供支持,促进长期发展。

5. 行业分析与趋势预测

通过分析仓储业务收入的波动,可以对整个行业的状况进行评估和预测。仓储业务收入的增减可以作为经济周期变化的先行指标,帮助企业做出应对策略。

6. 企业战略定位与价值链整合

仓储业务收入在企业战略定位中起着关键作用,决定了企业在供应链中的地位。通过优化仓储业务收入结构,企业可以实现价值链的优化和整合,提升整体竞争力。

7. 风险管理与社会责任

保持稳定的仓储业务收入有助于企业抵御市场风险,增强经营稳定性。在追求收入增长的同时,企业还需关注社会责任,确保合规经营和环境保护。

8. 创新与技术进步

随着技术的发展和创新模式的涌现,仓储业务收入模式也在不断演变。企业应关注并适应这些变化,通过创新提高仓储业务收入。

9. 国际比较与合作

通过比较国内外仓储业务收入的差异,可以为企业国际化战略提供指导。

跨国合作可以为企业在全球范围内寻找增长机会和资源整合提供支持。

10. 可持续性与绿色发展

在环保法规日益严格和可持续发展理念盛行的背景下,绿色、智能的仓储设施和运营模式将有助于企业提升仓储业务收入,同时降低环境影响,实现经济与环境的双重收益。

二、仓储业务收入的来源

(一)租金收入

租金收入代表仓储服务提供者通过出租仓储设施所获得的报酬。在学术语境下,对租金收入的来源进行深入分析,有助于更好地理解仓储业务的盈利模式和经济价值。

1. 基础租金

这是客户为使用仓储设施而支付的基本费用。它基于存储货物的数量、体积、重量以及存储时间的长短等因素确定。基础租金是仓储服务提供者实现其运营成本回收和获得初步利润的主要途径。

2. 增值租金

当仓储服务提供者在存储、管理或处理货物方面提供了额外的服务或功能时,客户可能需要支付额外的费用。例如,提供特殊包装、货物追踪、快速提取等服务可能会增加租金。

3. 差别化租金

这种租金形式基于市场供求关系和竞争状况而定。仓储服务提供者可能会为某些高价值或特殊需求的货物提供更高水平或特殊的服务,以吸引或保持特定的客户群体,相应的租金也会更高。

4. 长期合同与稳定收入

对于长期租赁仓储设施的情况,租金收入可能更加稳定。企业或客户为确保未来一段时间内的存储空间,往往会签订长期合同,从而为仓储服务提供者带来稳定的收入流。

5. 动态定价与市场调整

随着市场条件的变化,仓储服务提供者可能会调整其租金策略。例如,在需求旺盛时提高租金,或在市场低迷时提供折扣来吸引客户。

6. 租金与仓储效率的关系

高效率的仓储运营可以降低运营成本,从而在一定情况下允许仓储服务提供者降低基础租金。因此,持续的技术创新和管理优化对于维持和增加租金收入至关重要。

7. 租金收入的可持续性

考虑到环保和可持续性问题,现代仓储设施可能会考虑绿色运营和可持续性因素,这可能影响租金的定价策略和客户的租赁决策。

8. 租金收入的监管与法规限制

在一些国家和地区,政府可能会对仓储设施的租金设定上限或进行监管,以保护租户的利益。这要求仓储服务提供者在进行租金决策时考虑这些法规限制。

9. 租金收入的预测与计划

基于历史数据和市场趋势,仓储服务提供者应定期预测和规划其租金收入。这有助于制定合适的定价策略、预算计划和长期发展目标。

10. 租金收入与投资回报

在评估和比较不同投资方案时,仓储服务提供者应考虑租金收入作为其投资回报的一个重要组成部分。合理的投资决策有助于确保租金收入的长期增长和企业的盈利能力。

(二)增值服务收入

1. 服务多样性与定制化

随着市场竞争的加剧,仓储服务提供者不再局限于提供简单的存储服务。他们通过提供一系列增值服务,如包装、贴标、拣选、组装等,满足客户多样化的需求。这些定制化的服务为客户创造了价值,并为仓储服务提供者带来了额外的收入。

2. 技术整合与创新

现代仓储运营越来越依赖于技术应用。通过引入先进的物流技术和信息系统,仓储服务提供者能够提高作业效率和准确性,为客户提供实时的货物追踪、数据分析等增值服务。这些技术整合和创新为仓储服务提供者创造了新的收入机会。

3. 供应链协同效应

仓储服务提供者位于供应链的关键节点上,他们可以利用这一位置优势与供应商、制造商和分销商建立紧密的合作关系。通过提供供应链协同解决方案,如供应商管理库存、联合预测与补货等,仓储服务提供者可以获得与供应商和客户共享的额外收入。

4. 附加值服务定价

增值服务的定价策略对于仓储服务提供者的收入具有重要影响。定价应基于服务的成本、市场需求、竞争状况以及客户的支付意愿。合理的定价策略有助于吸引和保持客户,同时确保仓储服务提供者的盈利能力。

5. 客户关系管理

良好的客户关系管理对于增值服务收入的获取至关重要。仓储服务提供者需要了解客户需求,与客户建立互信关系,并提供超出期望的服务。通过持续的客户关怀和关系维护,仓储服务提供者可以获得与客户的长期合作和持续的增值服务收入。

6. 市场动态与响应

随着市场的变化,仓储服务提供者需要不断调整和扩展其增值服务范围。对于新兴的市场需求和技术趋势,仓储服务提供者应保持敏锐的洞察力,及时调整和创新其增值服务,以保持竞争优势并获得更多的收入机会。

7. 数据驱动的决策与分析

利用数据分析工具对客户需求、市场趋势和竞争状况进行深入分析,有助于仓储服务提供者更好地理解市场动态和客户需求,从而开发出更具针对性的增值服务。数据驱动的决策和分析有助于提高增值服务的有效性,并增加客户对仓储服务的依赖性。

8. 合作伙伴关系与网络拓展

与其他物流服务提供商、技术供应商或行业专家建立合作伙伴关系,有助于仓储服务提供者扩展其增值服务的范围和能力。通过合作与网络拓展,仓储服务提供者可以为客户提供更全面的解决方案,并获得更多的收入来源。

9. 持续培训与员工发展

为了确保员工具备提供高质量增值服务的技能和知识,仓储服务提供者应持续投资于员工的培训和发展。通过培养一支专业且经验丰富的团队,企业能够提高其在市场中的竞争力,并为客户提供卓越的服务体验,从而增加客户黏性和提高增值服务的收入。

(三)货物处理收入

1. 装卸与搬运

货物在进出仓库、存放和提取过程中需要进行装卸和搬运。仓储服务提供者通常会为其提供的装卸和搬运服务收取一定的费用,这部分费用构成了货物处理收入的一部分。装卸和搬运的效率直接影响着仓储服务提供者的货物处理能力,进而影响其收入。

2. 包装与分拣

对于需要特殊包装或分拣的货物,仓储服务提供者通常会提供相应的服务并收取相应的费用。包装和分拣的个性化需求和复杂性对仓储服务提供者的货物处理能力提出了更高的要求,也为其创造了额外的收入机会。

3. 贴标与识别

为了便于货物的跟踪和管理,仓储服务提供者通常会提供贴标和识别服务。这些服务有助于提高货物的可追溯性和管理效率,同时也为仓储服务提供者提供了额外的收入来源。

4. 清点与核实

在货物的存放、转移和出库过程中,仓储服务提供者需要进行货物的清点与核实。这项服务有助于确保货物的准确性,降低错配或丢失的风险。对于需要定期进行库存清点的客户,仓储服务提供者通常会收取相应的费用。

5. 库存管理与优化

仓储服务提供者通过提供库存管理与优化服务,帮助客户实现库存水平的合理控制。通过采用先进的库存管理技术和方法,仓储服务提供者能够帮助客户降低库存成本、提高库存周转率,并为其提供相应的收费服务。

6. 订单履行与配送

仓储服务提供者可以提供订单履行和配送服务,为客户完成货物的拣选、打包、配送等作业。这些服务能够满足客户的快速响应需求,提高客户满意度,并为仓储服务提供者创造额外的收入来源。

7. 退货处理与逆向物流

随着电商和直销业务的快速发展,退货处理已成为仓储业务的重要环节。仓储服务提供者可以为客户提供退货处理、检验、再分类和再销售等逆向物流服务。这些服务能够帮助客户降低退货处理成本、提高客户满意度,同时也为仓储服务提供者创造了额外的收入机会。

8. 信息化与技术支持

随着信息技术的发展,仓储服务提供者可以借助信息化手段提高货物处理的效率和准确性。通过引入先进的仓库管理系统(WMS)、自动化设备和物联网技术等,仓储服务提供者能够为客户提供更加高效和精准的服务,同时实现更高的收入回报。

9. 质量监管与安全防护

为了保证货物在仓储过程中的质量和安全,仓储服务提供者需要对其提供的货物处理服务进行质量监管和安全防护。这些额外的监管和防护措施增加了仓储服务提供者的运营成本,但同时也为其创造了额外的收费机会。

10. 定制化解决方案与增值服务

为了满足客户的特殊需求和提供更具竞争力的服务,仓储服务提供者可以为客户提供定制化的货物处理解决方案和增值服务。这些定制化的解决方案和服务能够提高客户的满意度和忠诚度,同时为仓储服务提供者带来更多的收入机会。

(四)仓储设施使用费

仓储设施使用费是仓储服务提供者向客户提供仓储设施租赁而获得的报酬,是仓储业务收入的重要来源之一。

1. 影响因素

(1)仓储设施的特性。不同类型和规模的仓储设施对租赁费用的设定具有显著影响。一般来说,现代化、高技术含量的仓储设施使用费相对较高,因为这些设施通常具有更高的运营效率和可靠性。

(2)地理位置。仓储设施的地理位置对使用费的影响至关重要。接近消费市场或交通枢纽的仓储设施通常更具吸引力,因此使用费也相应较高。

(3)市场供需关系。在需求旺盛时,仓储设施提供者具有较强的议价能力,可以提高使用费。反之,在市场低迷时,为吸引租户,仓储设施提供者可能需降低使用费。

(4)服务质量与管理水平。提供优质服务和管理的高度专业化仓储设施往往能够获得更高的使用费。这包括高效的安全管理、严格的库存控制以及卓越的客户服务等因素。

(5)金融与经济因素。整体经济状况、通货膨胀率、利率以及投资回报率等金融和经济因素都会影响仓储设施的使用费。

(6)技术创新与投资。对仓储设施进行持续的技术创新和改造能够提高设施的竞争力和使用率。例如,引入自动化、智能化技术可以提高运营效率,从而提高仓储设施的使用费。

2. 作用机制

(1)资源配置与优化。通过设定合理的仓储设施使用费,可以引导资源在仓储行业内的优化配置。高使用费可能吸引更多的投资进入仓储行业,推动行业的扩张和发展。

(2)客户选择与市场细分。不同的客户群体对仓储设施的需求和支付能力存在差异。合理的使用费策略可以帮助仓储服务提供者更好地满足不同客户群体的需求,实现市场细分。

(3)激励与约束机制。较高的仓储设施使用费可以作为对租户的一种激励,促使其更加高效地利用设施资源,降低浪费。同时,合理地设定使用费也能约束租户的行为,确保其合规经营。

(4)风险调节与回报平衡。仓储设施使用费的高低可以作为仓储服务提供者调节风险和回报的杠杆。在不确定性较高的市场环境下,仓储服务提供者可以通过调整使用费来平衡风险和回报。

(5)行业竞争力与市场格局。仓储设施使用费的合理设定对于维护和提高行业的竞争力至关重要。过高的使用费可能会导致客户流失和市场份额的下降;而过低的使用费则可能引发行业内的不正当竞争和市场混乱。

(6)可持续发展与社会责任。在可持续发展和社会责任的框架下,仓储设施提供者应考虑其经济利益与社会责任之间的平衡。合理的仓储设施使用费策略应考虑到环境保护、社会责任和经济效益的长期平衡发展。

第三节　仓储经济核算指标

一、仓储成本管理中经济核算的意义

在企业的经营管理中,仓储成本管理与经济核算都是非常重要的环节,经济核算作为一种评估经营效率和经济性的方法,在仓储成本管理中具有重要的意义,通过经济核算,企业可以对仓储活动进行全面的价值评估,优化资源配置,提高仓储效率,降低成本,从而实现更好的经济效益。

首先,经济核算能够为企业提供量化的绩效指标,帮助企业评估仓储活动的经济效益。通过设立合理的经济核算体系,企业可以对仓储成本进行准确的计量和分析,了解成本构成及变化情况。同时,通过对比不同时间段或不同策略下的仓储成本数据,企业可以评估仓储管理活动的经济性,发现存在的问题和改进的方向。

其次,经济核算有助于企业优化资源配置。在仓储成本管理中,资源的配置直接影响到仓储活动的效率和成本。通过经济核算,企业可以根据仓储活动的实际需求,合理分配人力、物力和财力等资源,避免资源的浪费和过度投入。同时,经济核算可以为企业提供资源配置的反馈信息,帮助企业及时调整资源配置策略,实现资源的有效利用。

此外,经济核算还有助于企业提高仓储效率。在仓储成本管理中,效率的提高意味着成本的降低和效益的提升。通过经济核算,企业可以分析仓储活动的各个环节,发现低效或无效的作业流程,并采取相应的改进措施。例如,通过优化仓库布局、改进作业流程、提高设备利用率等措施,可以提高仓储作业的效率和响应速度,降低仓储成本。同时,经济核算还有助于企业提升风险管理水平。在仓储成本管理中,风险管理是不可或缺的一环。通过经济核算,企业可以对仓储活动的风险进行量化和评估,识别出潜在的风险因素和应对策略。这有助于企业采取有针对性的措施,预防或减轻潜在风险带来的损失,提高仓储成本管理的稳健性。而且,经济核算还有助于提升企业的决策水平。在企业的经营管理中,决策的制定往往基于对经营数据的分析和评估。通过经济核算,企业可以获得关于仓储成本的详细数据和趋势分析,为决策提供有力的数据支持,这有助于企业做出更加科学、合理的决策,提高仓储成本管理的效果和长期效益。

二、仓储成本管理中经济核算的内容

在仓储成本管理中,经济核算作为核心环节,涉及多个方面的内容,这些内容包括经营成果的核算、劳动消耗的核算、资金运用的核算以及利润的核算,这些核算内容共同构成了仓储成本管理的经济核算体系,为企业提供全面的经营数据支持,帮助企业优化资源配置、提高运营效率、降低成本,从而实现更好的经济效益。

经营成果反映了企业在一定时期内的生产成果和经济效益,通过对经营成果的核算,企业可以对仓储活动的整体绩效进行评估,了解盈利状况和销售收入,通过与历史数据和市场行情的对比,企业可以发现潜在的增长点或改进方向,制定出更加有效的经营策略。

劳动消耗是企业在进行仓储活动时所消耗的人力资源,包括员工工资、福利、社会保险等支出,通过劳动消耗的核算,企业可以对人力成本进行准确的计量和分析,了解人力成本的结构和变化趋势。这有助于企业优化人力资源配置,提高员工工作效率和减少人力成本浪费。

资金运用的核算是经济核算中不可或缺的一环,资金运用反映了企业在仓储活动中的资金流动情况,包括物资采购、库存维护、运输等方面的支出。通过资金运用的核算,企业可以了解资金的流入流出情况,评估资金运用的效率和效益。这有助于企业优化资金配置,提高资金周转率和使用效益。

在这一过程中,利润是企业在进行仓储活动时所获得的净收益,是企业经营绩效的综合反映,通过利润的核算,企业可以了解仓储活动为企业带来的经济价值,评估盈利水平和发展前景。同时,通过对不同时期或不同业务领域的利润核算,企业可以发现盈利能力较强的业务领域或潜在的改进空间,制定出更加有效的盈利策略。

三、仓储工作中的核算指标

在仓储管理中,为评价和控制仓储工作的数量和质量,制定了一系列的技术经济指标,主要有以下几个。

(一)设施设备管理指标

1. 仓库利用率

仓库利用率,主要反映仓库的利用情况。它包括仓库面积利用率和仓库容积利用率。

$$仓库面积利用率 = \frac{报告期商品实际占用面积}{报告期仓库总面积} \times 100\%$$

其中,报告期商品实际占用面积是指报告期仓库中商品储存堆放所实际占用的有效面积之和。报告期仓库的总面积是指从仓库的围墙线算起,整个仓库所占的面积。

$$仓库容积利用率 = \frac{报告期平均每日实际使用的容积}{报告期仓库的有效容积} \times 100\%$$

$$报告期平均每日实际使用的容积 = \frac{报告期储存商品体积之和}{报告期天数}$$

报告期储存商品体积之和等于报告期仓库中每天储存的商品体积之和。

2. 仓库设备情况

仓库设备情况包括设备的完好率和设备的利用率。

$$设备完好率 = \frac{完好台日}{总台日} \times 100\%$$

其中,总台日指总台数与每台日数(不论其技术状况如何,除节假日)的乘积;完好台日是指设备状态良好,能随时参加作业的台日。

而设备的利用率包括设备能力利用率和设备时间利用率。

$$设备能力利用率 = \frac{设计载荷量}{技术特征规定的载荷量} \times 100\%$$

(二) 出入库管理指标

出入库管理指标主要包括平均保管损失、收发货物差错率、商品的损耗率等。

平均保管损失是指,一定时期内平均每吨储存商品的保管损失金额。它是衡量和考核仓库保管人员工作质量的重要指标。计量单位是元/吨。

$$平均保管损失 = \frac{保管损失金额}{平均储存量}$$

其中,保管损失的计算范围是,因保管养护不当而造成商品的霉变残损、丢失短缺、超定额损耗及不按规定验收和错收错付而发生的损失等。有保管期的商品,经仓库预先催办调拨,但存货部门未能及时调拨出库而导致的损失,不能算是仓库的保管损失。商品保管损失是仓库一项直接的损失,应尽量避免和减少。通过核算损失,可以进一步追查保管损失的事故原因,找出管理中的漏洞,加强保管人员的岗位责任制。该指标在计算时应注意,分子分母的计算时期必须统一,内容也应该一致。

收发货物差错率是以收发货所发生差错的累计笔数占收发货总笔数的比例来计算的,常以百分率来表示。该指标是仓库管理中的重要工作质量考核指标,能反映仓库保管人员收发货的准确性,可作为竞争上岗、考核奖金的依据。

$$收发货物差错率 = \frac{报告期内发生差错累计笔数}{收发货总笔数} \times 100\%$$

商品损耗率(又称库存商品自然损耗率)是指,在一定的保管条件下,某商品在储存保管期内,其自然损耗量与入库商品数量的比率,以百分数或千分数表示。

$$商品损耗率 = \frac{商品损耗量}{商品库存总量} \times 100\%$$

商品损耗率指标是衡量商品在存储、运输、销售等环节中损失和损耗程度的指标,用于评估企业的存货管理水平和经营绩效,这一指标对于企业而言非常重要,因为商品损耗不仅会导致经济损失,还会影响企业的盈利能力。

(三) 库存管理指标

1. 库存量

所谓库存量,是指仓库中库存商品的数量,有即时库存量、平均库存量和现有库存量之分。

即时库存量是指某一时刻的库存量,即某一时刻仓库中实际存放的商品的数量。由于仓库的商品随时都在进出,库存量随时间发生变化,因而即时库存量是时间变化的函数。

平均库存量是一段时间(例如一个月、一个季度、一年)中平均的库存量。

$$月平均库存量 = \frac{月初库存量 + 月末库存量}{2}$$

$$年平均库存量 = \frac{各月平均库存量之和}{12}$$

现有库存量就是现在的库存余额,即现在仓库中还存放着多少商品。库存余额按下式计算:

$$本期余额 = 上期余额 + 本期入库量 - 本期出库量$$

2. 吞吐量

吞吐量,是指仓库的吞量与吐量之和,单位是吨/期。它反映了仓储的工作量和周转量,还反映仓库的规模及仓库的劳动强度。吞吐量越大,说明仓库的规模越大、周转量越大、工作量越大、劳动强度越高。吞吐量要靠仓库的装卸能力、仓储面积来支持。

$$吞吐量 = 总入库量 + 总出库量$$

3. 库存物资周转率

库存物资周转率,是反映库存物资周转速度快慢的指标,取决于期内的出库量和期内平均库存量之比,在给定的平均库存水平下,期内出库量越大,库存物资周转率就越高,效益就越好。

$$库存物资周转率 = \frac{期内物资出库量}{同期内平均库存量}$$

(四)综合管理指标

1. 仓储成本指标

仓储成本指标包括平均仓储成本以及仓储收入成本率两个指标。

(1)平均仓储成本指一定时间内平均仓储一吨商品所需支出的成本额,常以年度或月度为计算周期。该指标的计算单位为元/吨。

$$平均仓储成本 = \frac{商品仓储成本}{平均储存量}$$

(2)仓储收入成本率是指一定时期内商品仓储收入中成本支出所占的比率。

$$仓储收入成本率 = \frac{仓储成本费用}{商品仓储收入} \times 100\%$$

2. 仓储资金利润指标

(1)利润总额。利润总额是仓储企业在一定时期内经营成果的综合体现,反映了企业在该时期内的盈利能力,它涵盖了企业通过仓储业务和其他业务所获得的全部利润,是评估企业经济效益和经营绩效的重要指标之一。利润总额的计算基于营业收入、成本、税金以及其他业务利润和营业外收支净额的差额。具体而言,营业收入是仓储企业通过提供仓储服务所获得的收入,是企业利润的主要来源,储存成本则涵盖了企业在提供仓储服务过程中所发生的人工、设备、物料等方面的费用,直接影响企业的盈利能力。税金是企业按照国家税收法规所应缴纳的税款,也是企业利润的扣除项之一。其他业务利润是指仓储企业除了核心仓储业务之外的其他业务收入和支出,如物流服务、包装服务等。这些业务虽然不是企业的核心业务,但也能为企业带来一定的利润贡献。营业外收支净额则包括了企业非经营性业务的收入和支出,如固定资产处置、投资收益等。

通过对这些因素的全面考虑和精确计算,企业可以获得关于利润总额的准确数据,这些数据不仅有助于企业评估自身的盈利能力,还可以为企业制定经营策略、进行资源配置和绩效考核提供重要依据。同时,利润总额作为企业经营绩效的综合体现,还可以为企业股东、投资者等利益相关者提供关于企业价值的评估依据。

(2)每吨保管商品利润。每吨保管商品利润是指在报告期内储存保管每吨商品平均所能获得的利润。计算单位为元/吨。

$$每吨保管商品利润 = \frac{报告期利润总额}{报告期商品储存总量}$$

其中,报告期商品储存总量一般是指报告期间出库的商品总量而非入库的商品总量。

(3)资金利用率。资金利用率是指仓储企业在一定时期实现的利润总额占全部资金的比率。它常用来反映仓储企业的资金利用效果。

$$资金利用率 = \frac{利润总额}{固定资产平均占用额 + 流动资金平均占用额} \times 100\%$$

从上式可以看出,资金利润率与全部资产平均占用额成反比,与利润总额成正比。因而,提高仓储企业的资金利润率的途径有两条:一是在资金占用额一定的条件下,仓储企业要努力增加利润总额;二是在利润总额一定的前提下,要妥善管理,挖掘潜力,节约材料,尽可能减少资金的占用额。

（4）收入利润率。收入利润率是指仓储企业在一定时期内实现的利润总额占营业收入的比率。

$$收入利润率 = \frac{利润总额}{仓储营业收入} \times 100\%$$

该指标可以分析仓储企业营业收入和利润之间的关系，它受储存商品的费率、储存商品结构、储存单位成本等因素的影响。

（5）人均实现利润。人均实现利润是指报告年度仓储企业平均每人实现的利润。它是利润总额与仓库中全员人数之比。计量单位为元/人。

$$人均实现利润 = \frac{报告年利润总额}{报告年全员平均人数} \times 100\%$$

其中，报告年全员平均人数应采用时点数计算序时平均数的方法来计算，分子报告年利润总额，采用时期累计数的方法计算。该指标是考核现代仓储企业劳动生产率的重要指标。

第四节　仓储经济效益分析

一、仓储服务的收入、成本和利润

仓储服务的收入是指企业通过提供仓储服务所获得的报酬，是企业利润的主要来源，收入的高低取决于多种因素，如市场供需状况、企业服务质量和品牌知名度等，在市场竞争激烈的背景下，企业需要不断提升服务质量、拓展市场份额，以实现收入的持续增长。仓储服务的成本是指企业在提供仓储服务过程中所发生的各种费用，包括人力成本、设备折旧、物料消耗等。有效控制成本是提高企业盈利能力的重要途径。企业需要通过精细化管理、技术创新等手段降低成本，同时合理配置资源、提高效率，实现成本效益最大化。此外，仓储服务的利润是指企业通过提供仓储服务所获得的净收益，是衡量企业经济效益的核心指标。在收入和成本一定的情况下，利润的高低直接取决于企业经营管理水平和市场竞争力。企业需要加强财务管理、风险控制和客户关系管理等方面的工作，以提高利润水平并保持稳定增长。

二、仓储运营能力分析

运营能力是企业经营过程中不可或缺的重要能力，它直接关系到企业的生存和发展，运营能力又称资金周转能力，是指企业利用所拥有的各种资源，高效地进行生产经营活动，加速库存和资金的周转，以满足市场需求的同时，创造更多的增值财富。运营能力的强弱对企业来说至关重要,因为它直接影响到企业的盈利能力、市场竞争力和可持续发展能力。因此,对运营能力的评估和分析是企业管理者必须重视的一项工作。常用的运营能力指标包括存货量周转率和存货资金占用周转率。存货量周转率是企业一定时期内销售的商品与同期平均库存的比值,这个指标可以用来衡量企业的销售效率和库存管理水平。存货资金占用周转率则是指企业一定时期内存货平均占用资金与其同期销售收入的比值,这个指标可以用来评估企业的资金使用效率和经营效益。通过这些运营能力指标的运用,企业可以对自身的经营运转情况进行全面总结、分析和评价。这有助于企业发现存在的问题和改进的方向,提高营销能力、资金流动性和经营效率。同时,这些指标还可以反映出企业资金管理的效率和水平,为企业制定更加科学合理的经营策略提供数据支持。

三、本量利分析

在企业成本控制与经济效益分析中,本量利分析方法的应用具有极其重要的地位。本量利分析,也称为盈亏平衡分析或 CVP 分析,是一种有效的财务分析工具,用于研究成本、数量和利润之间的关系。当这一方法与预测技术相结合时,它在仓储管理中的应用变得尤为广泛和深入。

1.本量利分析可以帮助企业进行保本经营预测

通过设定一定的毛利率,企业可以计算出达到这一毛利率所需的销售量或销售额,在此基础上,结合市场预测和技术参数,企业可以大致预测在何种情况下能够实现保本经营,从而制定出更加精确的运营策略。

2.本量利分析也能用于目标利润预测

目标利润是企业希望达成的预期利润水平,通过设定目标利润并逆推计算出相应的销售额或销售量,企业可以明确为实现这一目标所需达到的业务规模或效率水平。这有助于企业制订具有可行性的业务扩展计划或效率提升计划。此外,本量利分析还能进行保证目标利润实现的最低业务量预测。在设定目标利润的基础上,企业可以通过分析成本、数量和利润之间的关系,计算出为实现这一目标利润所必需的最低业务量。这有助于企业识别业务的临界点,并制定相应的风险管理策略。

四、获利能力分析

获利能力实际上是指仓储的资金增值能力,它通常体现为仓储收益数额的大小与水平的高低。一般来说,仓储获利能力的大小是由其经常性的经营理财业绩决定的。

（一）服务利润率

仓储服务利润率是指利润与营业收入净额的比值。从利润表来看，仓储物流的利润可以分为五个层次：营业收入毛利、经营利润、营业利润、利润总额、利润净额。其中利润总额或利润净额包含着非营业利润因素，所以能够更直接反映营业获利能力的指标是毛利率、经营利润率和营业利润率。由于仓储服务是主营业务活动，因此，经营利润数额、水平的高低对仓储的总体获利能力有着举足轻重的影响。同时，通过考察经营利润占整个利润总额比重的升降，可以发现仓储经营理财状况的稳定性、面临的危险或可能出现的转机迹象。因此，经营利润和仓储营业收入净额之比是营业利润率中的主要指标。

（二）成本利润率

成本利润率是指利润与成本的比值。同利润一样，成本也可以分为以下几个不同的层次：经营成本（经营费用+营业税金及附加）、营业成本（经营成本+管理费用+财务费用+其他业务成本）、税前成本（营业成本+营业外支出）和税后成本（税前成本+所得税）。因此，在评价仓储成本开支效果时，必须注意成本与利润之间层次上的对应关系，即经营利润与经营成本（经营成本利润率）、营业利润与营业成本（营业成本利润率）、税前利润与税前成本（税前成本利润率）和利润净额与税后成本（税后成本净利润率）彼此对应。这不仅符合收益与成本的匹配关系，而且能够有效地揭示出仓储各项成本的使用效果。其中经营成本利润率（经营利润/经营成本）最具有代表性，它反映了仓储主要成本的利用效果，是仓储加强成本管理的着眼点。在各项收益及税率不变的条件下，如果经营成本利润率很高而税前成本利润率却很低，通常表明仓储的管理费用、财务费用及营业外支出开支过多，仓储管理应对这些成本进行深入分析，查明原因，堵塞超支、浪费的漏洞。反之，若经营成本利润率与税前成本利润率均很低，且水平差异不大，则意味着仓储成本开支过高，应采取措施加强控制。当经营成本利润率与税前成本利润率均比较高时，说明成本管理取得了良好的经济效益。为了对各项具体成本的使用状况加以深入评价，仓储还可以根据各项成本利润率指标的内在关系进行更具体的分解、考察。

（三）资产利润率

在仓储行业中，获利能力通常是指仓储的资金增值能力，即企业通过仓储经营所获得的利润水平，这种获利能力的大小和水平，不仅关系到企业的经济效益,还直接影响到企业的可持续发展和市场竞争力。仓储企业的获利能力通常是由其经常性的经营理财业绩决定的。这些业绩反映了企业日常经营活动的效率和效果,包括收入、成本、利润等关键财务指标。企业通过优化经营策略、提高管理水平和创新服务模式等方式,可以提升经常性经营理财业绩,从而提高获利能力。非经常性的事项以及其他特殊事项虽然也会对仓储损益产生影响,但它们通常不会反映出仓储真实的获利能力水平。非经常性的事项通常是指一些偶然发生的、不具有持续性的经营活动或事件,例如资产处置、非经常性损失等。这些事项对仓储损益的影响通常是短暂的,不能代表企业的长期获利能力。此外,一些特殊事项也可能对仓储损益产生影响,例如自然灾害、政策变化等。这些事项通常也是不可预测和不可控制的,不能反映企业的真实获利能力水平。为了全面评估仓储企业的获利能力,我们需要关注经常性经营理财业绩,并排除非经常性事项和特殊事项的影响。通过深入分析仓储企业的收入、成本、利润等关键财务指标,我们可以了解企业的经营效率和盈利能力。同时,结合市场环境、竞争态势等因素的综合考虑,我们可以对仓储企业的获利能力进行更加全面和准确的分析和评估。

第五章　智能技术在仓储管理中的应用

第一节　自动化技术在仓储管理中的应用

一、仓储管理与自动化技术

（一）自动化技术的概述

自动化技术是指利用各种自动化设备和系统,替代人工进行重复性、机械性或危险性工作的技术和方法。自动化技术涉及多个学科领域,包括控制理论、计算机科学、电子工程等,其目的是提高生产效率、降低成本、保证产品质量和安全性。

无线通信技术为自动化设备之间的信息传输提供了便捷的通信手段,保证了数据传输的实时性和准确性。人工智能与机器学习技术为自动化系统提供了智能化的决策和控制能力,能够自适应地处理各种复杂和不确定的情况。

（二）自动化技术对仓储管理的意义

1. 提高仓储效率

自动化技术能够大幅提高仓储作业的自动化水平,减少人工干预,降低人工成本。例如,自动化分拣系统能够快速、准确地完成货物的分类,无人搬运车(AGV)系统能够自主完成货物的搬运,大大提高了仓储作业的效率。

2. 提升仓储管理能力

自动化技术可以帮助企业实时监控仓库内的货物情况,及时掌握货物的进、出、存状况,实现对库存的精细化管理。此外,自动化技术还可以通过对历史数据的分析,帮助企业预测未来的市场需求,为企业的生产和销售提供决策支持。

3. 增强仓储安全性

自动化技术可以降低人工操作的风险,提高仓储作业的安全性。例如,自动化监控系统可以实时监测仓库内的异常情况,及时发出警报,有效预防事故的发生。

4. 优化仓储资源配置

通过自动化技术,企业可以更精准地掌握仓库的运行状态和货物流转情况,从而合理配置仓储资源,提高仓储资源的利用率。

5. 推动仓储管理的绿色化发展

自动化技术有助于实现仓储管理的节能减排和绿色化发展。例如,自动化监控系统可以实时监测仓库内的温度和湿度,自动调节仓库的环境,减少能源的浪费。

二、自动化技术的基本原理

(一)自动识别与数据捕获技术

自动识别与数据捕获技术是自动化技术的重要组成部分,它利用先进的技术手段,自动识别和获取信息,以实现快速、准确的数据录入和处理。在仓储管理中,自动识别与数据捕获技术能够大幅提高仓储作业的效率和准确性,提升仓储管理水平。

自动识别与数据捕获技术的主要原理是利用计算机技术、通信技术、传感器技术等,将物品的信息转化为数字信号或代码,并通过特定的设备进行读取和识别。常见的自动识别与数据捕获技术包括条形码技术、射频识别技术(RFID)、图像识别技术等。

条形码技术是最早的自动识别与数据捕获技术之一,它通过将物品信息转化为黑白相间的条形符号,利用特定的扫描设备进行读取。条形码技术具有成本低、可靠性高、识别速度快等优点,因此在仓储管理中得到了广泛应用。

射频识别技术(RFID)是近年来发展迅速的一种自动识别与数据捕获技术,它利用无线电波进行通信,通过射频信号自动识别目标物体并获取相关数据。RFID技术的优点在于非接触式识别、可识别高速移动物体、可同时识别多个标签等,因此在仓储管理中具有广阔的应用前景。

图像识别技术是利用计算机视觉和图像处理技术,对物品进行自动识别和分类。图像识别技术需要预先对物品进行特征提取和训练,建立相应的模型库,通过比对模型库中的特征,实现对物品的自动识别。图像识别技术在仓储管理中可用于自动化盘点、货物跟踪等。

自动识别与数据捕获技术的应用不仅提高了仓储作业的效率和准确性,而且大幅减少了人工干预和人为错误,提高了仓储管理的智能化水平。同时,自动识别与数据捕获技术还可以与其他自动化设备和技术结合,构建完整的自动化仓储管理系统,进一步优化仓储作业流程和资源配置。

(二)无线通信技术

无线通信技术是实现自动化设备之间信息传输的关键技术之一,它在自动化技术的基本原理中起着至关重要的作用。无线通信技术利用电磁波进行信息传输,无须物理连接线,具有灵活、方便、可靠等优点。

无线通信技术的主要原理是利用无线电波的传播特性,将需要传输的信息加载到电磁波上,通过发送和接收设备之间的电磁波传播,实现信息的交换和传输。无线通信技术可以覆盖广泛的区域,支持多个设备同时通信,并且可以根据不同的应用需求选择不同的通信协议和技术标准。

在自动化技术中,无线通信技术主要用于设备之间的数据传输和控制信号的传递。例如,在仓储管理中,无线通信技术可以用于无人搬运车(AGV)系统、自动化分拣系统等自动化设备之间的通信,实现设备之间的协同作业和信息共享。通过无线通信技术,可以实时传输设备的状态信息、控制指令等数据,保证仓储作业的高效和准确进行。

常见的无线通信技术包括无线局域网(WLAN)、无线个域网(WPAN)、无线城域网(WMAN)等。其中,无线局域网(WLAN)是应用最广泛的无线通信技术之一,它利用射频技术进行高速数据传输,支持多种设备同时接入,具有传输速度快、覆盖范围广等优点。在仓储管理中,WLAN技术可用于构建无线传感器网络、实现自动化设备的远程监控和控制等。

总之,无线通信技术在自动化技术中发挥着重要的作用,它为自动化设备之间的信息传输提供了灵活、高效、可靠的通信手段。随着无线通信技术的不断发展,其在仓储管理中的应用将更加广泛和深入,进一步推动仓储管理的智能化和高效化发展。

(三)机器人与自动化设备

机器人与自动化设备是自动化技术的重要组成部分,它们能够执行各种复杂和危险的工作,提高生产效率和安全性。机器人与自动化设备的基本原理包括运动学、动力学、传感器技术等,这些原理使得机器人能够自主完成各种任务。

运动学是研究机器人末端执行器位姿描述和运动学求解的学科,它主要关注的是机器人各关节之间的相对运动关系。通过建立机器人的运动学模型,可以确定机器人的末端执行器的位置和姿态,从而进行轨迹规划和运动控制。

动力学是研究机器人动态行为的学科,它主要关注的是机器人各关节在运动过程中所受到的力和力矩。通过建立机器人的动力学模型,可以预测机器人的运动状态和性能,从而进行精确的运动控制和优化。

传感器技术是实现机器人感知和交互的关键技术之一,它能够让机器人感知周围环境、自身状态等信息,并根据感知结果进行相应的动作和决策。常见的传感器包括接近传感器、碰撞传感器、红外传感器等,它们能够检测物体距离、接触状态等信息,为机器人的自主导航和操作提供支持。

在仓储管理中,机器人与自动化设备的应用可以提高仓储作业的自动化程度和效率。例如,无人搬运车(AGV)系统利用机器人技术实现货物的自动搬运,自动化分拣系统利用机器人进行货物的快速分拣等。这些机器人与自动化设备能够大幅提高仓储作业的效率和准确性,降低人工干预和人为错误,提升仓储管理的智能化水平。

机器人与自动化设备是自动化技术的重要应用领域之一,它们在仓储管理中发挥着重要的作用。随着技术的不断发展,机器人与自动化设备将更加智能化、自主化和协同化。

(四)人工智能与机器学习

人工智能与机器学习是自动化技术中的重要组成部分,它们为自动化系统提供了智能化的决策和控制能力。人工智能与机器学习技术基于计算机科学、数学和工程等多个学科领域,通过模拟人类的思维和行为过程,实现机器的自主决策和学习能力。

人工智能是研究如何让机器能够像人类一样思考、学习和解决问题的学科。人工智能技术包括专家系统、知识表示、推理、自然语言处理、计算机视觉等领域,它们能够模拟人类的智慧和思维过程,为自动化系统提供智能化的决策和控制支持。

机器学习是人工智能的一个重要分支,它通过训练和学习算法,使机器能够从数据中自主地提取知识和规律,并用于预测和决策。机器学习技术包括监督学习、无监督学习、半监督学习、强化学习等,它们通过大量的数据训练,使机器能够自主地进行分类、聚类、预测和优化等任务。

在自动化技术中,人工智能与机器学习的应用可以实现自动化系统的智能化和自适应性。例如,在仓储管理中,人工智能可以通过对历史数据的分析,预测未来的市场需求和库存情况,为企业的生产和销售提供决策支持。机器学习可以用于自动化分拣系统,通过学习分拣规则和模式,自主地进行货物分类和分拣。

三、自动化技术在仓储管理中的应用实例

(一)条形码与 RFID 技术的应用

条形码与 RFID 技术是自动化技术在仓储管理中的重要应用实例,它们通过自动识别和数据捕获,为仓储管理提供了高效、准确的信息录入和处理手段。

在仓储管理中,条形码技术被广泛应用于货物的入库、出库、盘点等环节。通过为货物贴上条形码标签,并在仓储管理系统中建立相应的数据库,可以实现货物的快速识别和跟踪。当货物进入仓库时,扫描其条形码标签即可自动录入货物的信息,并生成入库记录;当货物出库时,再次扫描条形码标签即可自动更新库存信息,并生成出库记录。此外,在盘点过程中,利用条形码技术可以快速准确地完成货物的清点和核对,大大提高了盘点效率和准确性。

RFID 技术是一种无线通信技术,它通过射频信号自动识别目标物体并获取相关数据。在仓储管理中,RFID 技术被用于实现更高级别的自动化和智能化。通过将 RFID 标签贴在货物或托盘上,可以实现货物的自动识别和跟踪。与条形码技术相比,RFID 技术无须直线对准扫描,具有更快的读取速度和更高的准确性。利用 RFID 技术,可以实现货物的自动入库、出库、移库等操作,同时还可以实时监控货物的位置和状态,为仓储管理提供了更全面的信息支持。

(二)自动化分拣系统

自动化分拣系统通过自动识别和分类货物,提高了分拣作业的效率和准确性。

自动化分拣系统主要由货架、传送带、分拣机器人等设备组成。货架用于存储货物,传送带用于将货物从货架上输送至分拣机器人处,分拣机器人则根据预先设定的规则和算法,自动识别货物的类型和目的地,并将货物分拣到相应的滑槽或货架上。

自动化分拣系统的核心是分拣机器人,它通常采用图像识别、机器学习等技术,对货物进行快速、准确的识别和分类。分拣机器人利用摄像头或其他传感器获取货物的图像信息,通过计算机视觉技术识别货物的标签、形状、颜色等特征,并利用机器学习算法对货物进行分类。根据分类结果,分拣机器人将货物分拣到相应的滑槽或货架上,完成分拣作业。

（三）智能监控与安全系统

智能监控与安全系统通过实时监控和安全保障，确保了仓储作业的安全和可靠性。

智能监控与安全系统主要由监控摄像头、传感器、报警装置等设备组成。监控摄像头用于实时采集仓库内的视频信息，传感器用于监测仓库内的温度、湿度、烟雾等环境参数，报警装置则在异常情况发生时触发警报。

智能监控与安全系统的核心是智能分析技术，它能够对采集的视频和环境数据进行实时分析，自动识别异常情况和潜在的安全隐患。例如，智能监控系统可以通过图像识别技术，自动监测货物的堆放情况，一旦发现货物堆放过高或倾斜等情况，立即发出警报；同时，系统还可以监测人员的行为和进出情况，自动识别异常行为和入侵者，及时触发报警。

智能监控与安全系统在仓储管理中具有重要作用。首先，它能够提高仓储作业的安全性和可靠性，降低安全事故发生的概率。通过实时监测和预警，系统能够及时发现潜在的安全隐患并采取相应措施，有效预防事故的发生。其次，智能监控与安全系统能够提高仓储管理的效率和智能化水平。通过对仓库环境的实时监测和控制，系统能够实现仓库的自动调节和优化管理，提高仓储管理的智能化水平。此外，智能监控与安全系统还能够为企业提供重要的数据支持和分析依据。通过对采集的视频和环境数据进行深入分析，企业可以更好地了解仓库的运行状况和管理状况，为仓储管理提供科学的数据支持和决策依据。

（四）自动化包装与贴标系统

自动化包装与贴标系统通过自动完成货物的包装和标签粘贴，提高了包装作业的效率和准确性。

自动化包装与贴标系统主要由传送带、包装机械、贴标机械等设备组成。传送带用于将货物输送到包装和贴标机械处，包装机械根据货物的类型和要求，自动完成包装材料的展开、裹覆、封口等操作，贴标机械则根据货物的标签要求，自动完成标签的打印、粘贴等操作。

自动化包装与贴标系统的核心是自动化控制技术，它能够实现货物包装和标签粘贴的全自动控制。通过预设的程序和指令，系统能够根据货物的类型、尺寸和标签要求，自动调整机械设备的参数和动作，完成货物的包装和贴标。同时，系统还能够实现包装和贴标质量的在线检测，确保每个货物的包装和标签都符合要求。

（五）智能调度与路径规划系统

智能调度与路径规划系统通过智能调度和优化路径规划,提高了仓储作业的效率和灵活性。

智能调度与路径规划系统主要由仓储管理系统(WMS)、调度算法、导航系统等组成。WMS负责整个仓库的进货、出货、库存管理等业务,调度算法则根据货物的进出计划、仓库的布局、货物的属性等因素,自动生成最优的调度方案和路径规划。导航系统则根据路径规划的结果,控制叉车、AGV等物流设备进行货物的搬运和运输。

智能调度与路径规划系统的核心是人工智能算法,它能够实现自动化决策和优化。常见的调度算法包括遗传算法、模拟退火算法、蚁群算法等,它们通过模拟自然界的进化过程或生物行为,寻找最优解或近似最优解。这些算法能够在复杂的多目标、多约束条件下,自动生成最优或次优的调度方案和路径规划,提高了仓储作业的效率和灵活性。

智能调度与路径规划系统在仓储管理中具有广泛的应用价值。智能调度与路径规划系统能够实现快速响应和灵活应对,满足不同种类和数量货物的进出库需求。此外,智能调度与路径规划系统还能够实现自动化决策和优化,降低仓储成本和运营风险。

（六）自动化订单处理系统

自动化订单处理系统主要由订单管理模块、库存管理模块、拣选模块、配送模块等组成。订单管理模块负责接收和处理客户的订单请求,库存管理模块负责实时监控库存情况,拣选模块根据订单信息自动选择相应的货物,配送模块负责货物的出库和配送。

自动化订单处理系统的核心是自动化流程管理和智能调度技术。通过预设的程序和指令,系统能够自动完成订单的接收、处理、拣选、配送等流程。同时,系统还能够根据库存情况、配送能力等因素,智能调度和优化订单的处理顺序,提高订单处理的效率和准确性。

第二节　人工智能技术在仓储管理中的应用

一、人工智能技术与仓储管理

(一)人工智能技术的发展背景

人工智能(AI)作为计算机科学的一个分支,起始于20世纪50年代,旨在研究和开发能够模拟、延伸和扩展人类智能的理论、方法、技术及应用系统。随着信息技术和计算机技术的飞速发展,人工智能技术也经历了从初步探索到逐步成熟的过程。

1. 早期探索(20世纪50—60年代)

人工智能的概念最早可以追溯到20世纪50年代。当时,计算机科学的先驱们开始探索如何让计算机执行一些需要人类智能的任务,如解决问题、逻辑推理、自然语言处理等。这一时期的研究主要集中在符号逻辑和知识表示上,但由于技术限制和理论不成熟,早期的探索并未取得显著成果。

2. 专家系统与知识工程(20世纪70—80年代)

进入20世纪70年代,人工智能的研究开始取得实质性进展。专家系统的出现是这一时期的标志性成果,它是一种基于知识的系统,能够提供特定领域的专家级别的建议或决策。这一时期的知识工程成为人工智能领域的重要分支,为后续的技术发展奠定了基础。

3. 机器学习与神经网络的崛起(20世纪80—90年代)

随着计算机性能的提高和数据量的增长,机器学习和神经网络开始受到广泛关注。这一时期出现了支持向量机、决策树、随机森林等机器学习方法,以及反向传播、深度信息网络等神经网络技术。这些方法和技术在模式识别、自然语言处理等领域取得了显著成果。

4. 深度学习与大数据的融合(21世纪初至今)

进入21世纪,深度学习成为人工智能领域最热门的技术之一。通过模拟人脑神经网络的工作方式,深度学习在图像识别、语音识别、自然语言处理等领域取得了突破性进展。与此同时,大数据技术的兴起为人工智能提供了更丰富、更真实的数据资源,推动了人工智能技术的进一步发展。

5. 技术成熟与社会认可

随着人工智能技术的不断发展和应用,其对社会的影响也日益显著。从工业生产到家庭生活,人工智能的应用场景越来越广泛。与此同时,社会对人工智能的认知和接受程度也在不断提高,推动了人工智能技术的进一步发展和应用。

(二)人工智能技术在仓储管理中的应用意义

随着全球化和电子商务的快速发展,仓储管理面临着越来越大的挑战。传统的仓储管理方式已经无法满足现代物流的需求,因此,引入人工智能技术成为一种必要且有效的解决方案。

1. 提高仓储运作效率

人工智能技术可以通过自动化、智能化的方式优化仓储运作流程,提高仓储运作效率。例如,通过自动化分拣系统,可以快速、准确地完成货物的分类和分拣,减少了人工操作的耗时和误差。此外,智能调度和路径规划系统可以优化货物的搬运和运输,提高仓储运作的整体效率。

2. 降低仓储成本

人工智能技术的应用可以帮助企业实现精细化管理,减少浪费和损耗。通过自动化设备和智能算法的优化,企业可以更加精准地进行库存控制和需求预测,减少库存积压和浪费。此外,人工智能技术还可以降低人力成本,通过自动化和智能化的方式减少对人力的依赖。

3. 增强数据驱动决策能力

人工智能技术可以收集、处理和分析大量的仓储数据,为企业提供更加全面、准确的数据支持。通过数据分析,企业可以更好地了解市场需求、库存状况和运作情况,从而做出更加科学、合理的决策。数据驱动的决策可以减少主观臆断和经验主义的误差,提高决策的准确性和可靠性。

4. 提升仓储安全管理水平

人工智能技术可以帮助企业提高仓储安全管理水平,减少安全事故的发生。例如,通过智能监控和安全预警系统,可以实时监测仓库内的异常情况,及时发现并处理安全隐患。此外,人工智能技术还可以通过对环境的实时监测和控制,保证库存物品的安全和品质。

5. 增强企业竞争力

随着物流行业的竞争加剧,仓储管理已经成为企业竞争力的重要组成部分。引入人工智能技术可以帮助企业提高仓储管理效率和降低成本,增强企业的竞争力和市场地位。同时,企业可以利用人工智能技术不断创新和升级仓储管理方式,提高服务质量和客户满意度,进一步增强企业的竞争优势。

二、人工智能技术在仓储管理中的应用实例

（一）人工智能在分拣系统中的应用

分拣系统作为仓储管理中的核心环节,其效率和准确性直接影响到整个仓储作业的绩效。近年来,随着人工智能技术的迅速发展,越来越多的企业开始将人工智能应用于分拣系统中,以提高分拣作业的自动化和智能化水平。

传统的分拣系统通常依赖于人工操作或简单的机械化设备,存在效率低下、错误率高、应对能力差等问题。而人工智能技术的应用,为分拣系统带来了革命性的变革。通过机器学习、深度学习等先进的人工智能技术,分拣系统能够实现自动化的物品识别、分类和搬运,大大提高了分拣作业的效率和准确性。

1. 物品识别与分类

利用计算机视觉技术和深度学习算法,对物品进行自动化的识别和分类。通过训练深度学习模型,系统能够识别出物品的形状、颜色、大小等信息,并根据预设的分类标准将物品自动归类。

2. 智能路径规划

基于人工智能的路径规划算法,自动计算出最优的分拣路径。系统根据物品的分类信息和仓库的布局,规划出最快捷、最有效的分拣路径,提高分拣效率。

3. 自动化操作控制

通过人工智能技术对分拣设备的自动化控制,实现快速、准确的操作执行。系统根据物品的分拣结果,自动控制相关设备完成物品的搬运和放置,减少人工干预和错误率。

4. 数据分析与优化

利用人工智能技术对分拣数据进行实时监控和分析,发现潜在的问题和优化点。通过对历史数据的学习和挖掘,系统能够不断优化分拣策略,提高分拣效率和质量。

（二）人工智能在监控与安全系统中的应用

监控与安全系统是保障企业安全运营的重要组成部分。随着人工智能技术的不断发展,其已在监控与安全系统中得到了广泛应用。

传统的监控与安全系统通常依赖于人力监控和简单的视频分析技术,存

在效率低下、准确度不高、应对能力不足等问题。而人工智能技术的应用,为监控与安全系统带来了革命性的变革。通过机器学习、深度学习等先进的人工智能技术,监控与安全系统能够实现自动化的目标检测、行为分析、异常检测等功能,大大提高了监控与安全系统的效率和准确性。

1. 目标检测

利用计算机视觉技术和深度学习算法,对监控视频中的目标进行自动检测。通过训练深度学习模型,系统能够识别出视频中的特定目标,如人脸、车辆、物体等,并进行实时跟踪。

2. 行为分析

基于人工智能技术,对监控视频中的目标行为进行自动分析。系统通过识别目标的动作、姿态、轨迹等信息,判断其是否符合预设的安全规则和异常行为模式,从而及时发现异常情况并发出警报。

3. 异常检测

通过人工智能技术对监控数据进行学习和分析,发现异常事件和潜在的安全威胁。系统可以根据历史数据和模式识别技术,自动检测出异常行为、入侵事件、火灾等安全隐患,并及时发出警报和采取相应措施。

4. 智能预警

基于人工智能技术的预测分析功能,根据历史数据和算法模型,对可能发生的安全事件进行预警。系统可以预测潜在的威胁和风险,提前采取防范措施,提高安全防范的主动性。

(三)人工智能在包装与贴标系统中的应用

包装与贴标系统是物流和仓储过程中的重要环节,涉及货物的保护、标识和追踪。随着人工智能技术的快速发展,其在包装与贴标系统中的应用也越来越广泛。

传统的包装与贴标系统通常依赖于手工操作或简单的机械设备,存在效率低下、精度不高、应对能力不足等问题。而人工智能技术的应用,为包装与贴标系统带来了革命性的变革。通过机器学习、计算机视觉等技术,人工智能可以自动识别物品、生成包装方案、完成贴标等任务,提高效率和精度。

1. 自动识别与分类

利用机器学习和计算机视觉技术,人工智能可以自动识别物品的形状、大小、材质等信息,并根据预设的分类标准对物品进行分类。分类结果可以用于自动选择合适的包装材料和方案,提高包装的针对性和效率。

2. 智能包装方案生成

基于人工智能技术,系统可以根据物品的特性和分类结果,自动生成合适的包装方案。方案可以包括包装材料的选择、包装结构的确定以及包装过程的控制等,确保物品在运输和存储过程中的安全性和完整性。

3. 自动贴标

利用机器视觉和机器人技术,人工智能可以自动识别物品的位置和标签需求,并精确地将标签粘贴到物品的指定位置。自动贴标可以大大提高贴标的效率和精度,减少人为错误和遗漏。

4. 实时监控与优化

通过人工智能技术对包装与贴标过程的实时监控和分析,发现潜在的问题和改进点。系统可以根据实际运行数据不断优化包装方案和贴标流程,提高系统的运行效率和精度。

(四)人工智能在调度与路径规划中的应用

调度与路径规划是物流和运输领域中的关键环节,直接影响着物流效率、运输成本和客户满意度。随着人工智能技术的迅速发展,其在调度与路径规划中的应用越来越广泛,为解决复杂问题提供了新的解决方案。

传统的调度与路径规划通常依赖于经验丰富的调度员和手动计算,存在效率低下、容易出错等问题。而人工智能技术的应用,为调度与路径规划带来了革命性的变革。通过机器学习、强化学习等技术,人工智能可以自动进行优化计算,快速得出最优的调度方案和路径规划,提高运输效率、降低成本。

1. 智能调度系统

基于人工智能技术,智能调度系统可以根据历史数据、实时数据和预测数据,自动进行需求预测和资源分配。系统可以根据预设的优化目标和约束条件,自动计算出最优的调度方案,包括车辆派遣、货物配载、交货时间等。

2. 路径规划算法

利用人工智能技术,系统可以根据起点和终点之间的多个路径,自动计算出最优的路径规划。算法可以根据实际需求和限制条件,综合考虑时间、成本、路况等因素,自动选择最佳的运输路线。

3. 实时调度优化

基于人工智能技术的实时优化能力,系统可以实时监控运输过程中的各种情况和变化,根据实际情况对调度方案进行调整和优化。这可以减少因突发情况导致的延误和损失,提高运输的可靠性和效率。

4. 智能决策支持

人工智能技术可以为调度员和决策者提供智能化的决策支持。系统可以根据历史数据和预测数据,提供各种可能的调度方案和路径规划选择,帮助决策者进行更加科学、合理的决策。

第三节　区块链技术在仓储管理中的应用

一、区块链技术与仓储管理

(一)区块链技术简介

区块链技术是一种分布式数据库技术,通过去中心化、去信任化的方式,实现了数据不可篡改和透明化的特点。区块链中的每个数据块都包含了前一个块的哈希值和自身的业务数据,形成了一个不断增长的链条。

区块链技术作为一种基础性的技术,可以应用于许多领域,如金融、供应链、物联网、公共服务等。通过区块链技术,可以实现更加透明、安全和可信的交易和数据管理。

(二)区块链技术在仓储管理中应用的潜力

随着信息技术的发展,仓储管理已经成为企业运营中的重要环节。传统的仓储管理方式存在着效率低下、信息不透明等问题,而区块链技术的出现为解决这些问题提供了新的可能性。

1. 提高信息透明度与可信度

区块链技术通过去中心化特性,确保了信息的真实性和不可篡改性,为仓储管理带来了革新。在仓储环节中,利用区块链技术可以实时追踪货物的进出库状态、库存变动等信息,确保信息的透明度和可信度。这有助于减少信息不对称带来的风险,提高仓储管理的效率和可靠性。区块链技术的应用为仓储管理提供了更加安全、可靠的信息管理方案。

2. 提高仓储管理效率

区块链技术能够自动化地记录和验证数据,降低人工干预和发生错误的可能性。在仓储管理中,智能合约等技术可以与区块链相结合,实现自动化的执行和管理流程。通过预设的规则和条件,智能合约能够自动处理仓储操作,如货物的入库、出库、盘点等,并实时更新库存信息。这不仅提高了仓储管理的效率,减少了人为错误和延误,还降低了运营成本。区块链技术的自动化特性为仓储管理带来了巨大的便利和效益。

3. 降低物流成本与风险

区块链技术可以优化物流流程,降低物流成本和风险。通过区块链技术,可以实现货物的追溯与认证,确保货物的来源和去向透明可查。这不仅能够提高货物的安全性和可靠性,减少货损和欺诈等问题,还能增强消费者对产品的信任。同时,区块链技术还能简化物流过程中的烦琐手续和降低相关成本,提高整个物流链条的效率。区块链技术的应用对于物流行业的优化和发展具有重要意义。

4. 提升供应链协同能力

区块链技术可以实现供应链各环节的信息共享和协同,打破信息孤岛,提高供应链的协同能力和整体效率。通过区块链技术,供应链上的各个环节可以实时共享货物的状态、位置、质量等信息,实现信息的透明化和可信化。这有助于加强各方的合作与信任,减少沟通成本和误解,提高整个供应链的可靠性和响应速度。区块链技术的应用对于提升供应链的协同能力和竞争力具有重要意义。

二、区块链技术在仓储管理中的应用模式

(一) 货物追溯与认证

随着消费者对产品安全和质量的关注度不断提高,货物追溯与认证成为仓储管理中不可或缺的环节。区块链技术以其独特的特性和优势,为货物追溯与认证提供了新的解决方案。

1. 信息的不可篡改与透明化

区块链技术通过去中心化的特性,将信息分散存储在多个节点上,从而确保了信息的真实性和不可篡改性。在仓储管理中,这一特性尤为重要。利用区块链技术,我们可以实时、准确地记录货物的进出库信息、库存状态、质量检测结果等。每一个环节的信息都会被加密并存储在区块链的各个节点上,任何对信息的篡改都会立即被其他节点发现,从而保证了信息的透明化和可信度。这种透明化不仅提高了仓储管理的效率,减少了信息不对称带来的风险,也增强了各方的信任与合作。通过区块链技术,我们可以建立起一个更加可靠、高效的仓储管理系统,为整个供应链的协同发展提供有力支持。

2. 全程追溯与监控

通过区块链技术,企业可以实现对货物的全程追溯与监控,从原材料的采购、生产、运输到仓储,每个环节的信息都会被完整地记录在区块链上。这种记录方式不仅保证了信息的真实性和不可篡改性,还形成了一个完整的信息链条,使得企业可以对货物进行全程追溯与监控。这种全程追溯与监控有助于企业实现对货物的全面掌控,及时发现和解决潜在问题,提高产品质量和客户满意度。例如,如果客户发现产品存在问题,企业可以通过区块链技术迅速追溯到问题源头,及时采取措施解决,避免问题扩大化。同时,这种追溯与监控也有助于企业建立品牌信誉和客户信任,提升市场竞争力。因此,区块链技术的应用对于企业的质量管理和客户满意度提升具有重要意义。

3. 提高货物认证的可靠性

区块链技术可以为货物认证提供更加可靠的支持。在传统的认证过程中,证书和资质的真实性和有效性往往难以保证,而区块链技术可以解决这一问题。通过区块链上的信息记录和验证,可以确保证书和资质的真实性和有效性。每一张证书或资质都会有一个独特的数字指纹,存储在区块链上,任何对证书或资质的篡改都会立即被检测出来。同时,利用区块链技术的智能合约功能,可以实现自动化认证和审核。智能合约可以根据预设的条件和规则,自动验证货物的证书和资质,提高认证的效率和可靠性。这种自动化认证和审核不仅可以减少人为错误和延误,还可以降低认证成本。区块链技术的应用将为货物认证带来更加安全、可靠、高效的新模式。

(二)智能合约在仓储管理中的应用

智能合约是区块链技术的重要组成部分,它能够自动执行预先设定的合同条款,极大地提高了交易的效率和可靠性。在仓储管理中,智能合约的应用可以为各个环节带来许多益处。

1. 自动化执行与监控

智能合约在仓储管理中发挥着重要作用,能够自动化执行和监控各种合同条款。当货物到达仓库时,智能合约可以自动验证货物的数量、质量等信息,确保与合同要求相符。一旦验证通过,智能合约将自动执行相应的操作,如支付款项、更新库存等。这一过程避免了人工操作的误差和延误,提高了执行效率。此外,智能合约还可以实时监控货物的状态和位置,确保货物的安全和完整性。如果出现异常情况,智能合约将立即触发警报,通知相关人员采取措施。这种自动化的监控和管理方式能够提高仓储管理的准确性和可靠性,降低运营风险。智能合约的应用将为仓储管理带来更多的便利和效益,助力企业实现高效运营。

2. 降低合约执行成本

智能合约的自动化执行为企业降低了合约执行成本。由于智能合约是自动化的,它可以在任何时间、任何地点执行,无须人工干预。这大大减少了人工操作带来的误差和延误,降低了合约执行的成本和时间。此外,智能合约的代码是公开透明的,这意味着合约的内容和执行过程都是可以被验证和监督的。这种透明度降低了欺诈风险,减少了纠纷和诉讼的可能性,进一步降低了合约执行成本。智能合约的应用为企业提供了一种高效、可靠的合约执行方式,有助于提高企业的运营效率和降低风险。同时,智能合约的自动化执行也为企业的可持续发展提供了有力的支持。

3. 提高仓储管理的透明度

智能合约可以将所有仓储相关的信息记录在区块链上,这一特性为仓储管理带来了前所未有的透明度。所有参与方都可以实时查看和验证记录的信息,确保信息的真实性和不可篡改性。这种透明度不仅提高了仓储管理的效率,还有助于加强参与方之间的信任关系。在传统的仓储管理中,由于信息不透明和缺乏信任,往往会出现各种纠纷和误解。而智能合约通过区块链技术,消除了信息不对称的问题,增强了各方的信任与合作。这不仅降低了沟通成本和误解,还提高了整个仓储链条的可靠性和响应速度。智能合约与区块链的结合为仓储管理带来了革命性的变革,有利于企业的可持续发展。

(三)去中心化仓储管理系统

随着互联网和信息技术的发展,传统的中心化仓储管理系统已经无法满足现代物流和供应链管理的需求。去中心化仓储管理系统作为一种新型的管理模式,通过区块链技术实现了去中心化、去信任化的管理,提高了仓储管理的效率和透明度。

1. 降低中心化管理的风险

传统的中心化仓储管理系统存在着单点故障和数据安全风险,一旦中心节点出现故障或遭受攻击,整个系统的正常运行将受到严重影响。而去中心化仓储管理系统通过区块链技术的分布式存储和共识机制,成功地解决了这些问题。在去中心化系统中,每个节点都有完整的账本副本,信息的存储和验证不再依赖于单一的中心节点。这种分布式的存储方式使得数据更加安全可靠,即使部分节点发生故障,整个系统依然能够正常运行。此外,区块链的共识机制确保了数据的真实性和一致性,任何对数据的篡改都会被其他节点立即检测出来,进一步增强了系统的安全性。因此,去中心化仓储管理系统通过区块链技术降低了中心化管理的风险,为企业提供了更加安全、可靠的仓储管理方案。

2. 提高仓储资源的共享与利用效率

去中心化仓储管理系统可以实现仓储资源的共享和优化配置,这是其独特的优势之一。在传统的仓储管理中,资源往往受限于单个企业或组织,无法实现跨企业、跨区域的共享和优化配置。而去中心化系统通过智能合约等技术,可以根据实际需求自动匹配和调度仓储资源。这意味着,无论是在需求量大的城市还是需求量小的地区,资源都能得到合理的配置和利用。这种共享和优化配置不仅提高了资源的利用效率,还降低了企业的运营成本。同时,去中心化系统还能降低信息不对称和交易成本,促进资源的合理配置和共享。这种去中心化的管理模式将为企业带来更多的机遇和竞争优势,助力企业实现可持续发展。

3. 实现更加公平的交易环境

区块链技术的去中心化和透明性特点,为去中心化仓储管理系统创造了一个更加公平的交易环境。在传统的仓储交易中,由于信息不对称和缺乏透明度,欺诈和不公平交易时有发生。而去中心化系统通过区块链技术,将所有交易记录公开记录在链上,任何参与方都可以实时查看和验证交易记录的真实性和合法性。这种公开透明的交易方式避免了欺诈和不公平交易的发生,确保了交易的公平性和公正性。同时,去中心化系统还降低了交易成本和中介环节,使得交易更加高效和便捷。这种公平的交易环境将增强参与方之间的信任关系,促进仓储行业的健康发展。去中心化仓储管理系统通过区块链技术为仓储行业带来了更加公平、透明和高效的交易模式。

三、区块链技术在仓储管理中面临的挑战与解决方案

(一)技术成熟度与普及度

区块链技术作为一种新兴技术,尽管在仓储管理中具有巨大的潜力,但仍面临着一些挑战,尤其是技术成熟度和普及度方面。

1. 技术成熟度与普及度的挑战

(1)技术尚未完全成熟

目前,区块链技术仍处于不断发展和完善的过程中。在处理高并发、数据

隐私保护以及扩展性等方面,仍存在一定的技术瓶颈。这可能导致在实际应用中,系统性能不稳定、数据安全无法得到充分保障等问题。

（2）普及度有限

区块链技术在仓储管理中的应用尚未得到广泛普及。许多企业和组织对区块链技术尚持观望态度,对其实际应用效果和价值仍存在疑虑。此外,区块链技术的专业人才储备相对不足,这限制了其在仓储管理中的推广和应用。

2. 解决方案与建议

（1）加强技术研发与创新

为了提高区块链技术的成熟度,需要不断加强技术研发和创新。政府、企业和社会各界应加大对区块链技术研发的投入,推动产学研用深度融合,加速技术成果的转化和应用。同时,应积极探索新的应用模式和场景,以推动区块链技术的不断完善和发展。

（2）制定统一的标准和规范

为了促进区块链技术的普及和应用,需要制定统一的标准和规范。相关行业组织和监管机构应加强合作,推动制定区块链技术的标准体系,为不同应用场景提供规范化的指导。这有助于提高区块链技术的互操作性和可扩展性,降低应用门槛和成本。

（3）强化宣传与培训

为了提高企业和组织对区块链技术的认知度和接受度,需要加强宣传与培训工作。通过举办专题讲座、技术沙龙等活动,向企业和组织介绍区块链技术的优势和应用价值。同时,加强人才培训和队伍建设,提高区块链技术人才的专业素质和应用能力。

（4）建立合作与示范项目

推动区块链技术在仓储管理中的应用,需要政府、企业和社会各界的共同努力。政府可以出台相关政策,鼓励企业开展区块链技术在仓储管理中的应用示范项目。同时,企业间可以加强合作,共同探索区块链技术在仓储管理中的最佳实践和商业模式。通过合作与示范项目的实施,可以加速区块链技术在仓储管理中的普及和应用。

（二）数据安全与隐私保护

随着信息技术的快速发展,数据安全与隐私保护已成为各行各业关注的焦点。在仓储管理中,区块链技术的应用也面临着数据安全与隐私保护的挑战。

1. 数据安全与隐私保护的挑战

（1）数据安全风险

区块链技术的去中心化和透明性特点使得所有数据都被公开记录在链上，这增加了数据被非法访问和篡改的风险。同时，随着黑客攻击技术的不断升级，区块链网络也面临着被攻击和数据泄露的风险。

（2）隐私保护问题

在仓储管理中，涉及大量的敏感信息和商业秘密，如货物来源、目的地、数量等。这些信息一旦被非法获取或泄露，将对个人和企业造成重大损失。然而，区块链技术的去中心化和透明性特点使得数据隐私保护面临较大挑战。如何在确保数据安全的同时保护隐私，是区块链技术在仓储管理应用中亟待解决的问题。

2. 解决方案与建议

（1）加强数据安全防护

为了保障数据安全，需要采取一系列安全防护措施。首先，应加强区块链网络的安全防护，提高网络的安全防御能力。可以采用加密技术、防火墙等手段来防止网络攻击和数据泄露。其次，应加强数据的备份和恢复机制，确保数据在遭到攻击或损坏时能够及时恢复。

（2）强化隐私保护措施

在保障数据安全的同时，应采取有效的隐私保护措施。可以采用加密技术对敏感信息进行加密处理，确保只有授权人员才能访问和操作相关数据。同时，应限制数据的访问权限，避免无关人员对数据的非法访问。此外，应对数据进行脱敏处理，去除不必要的敏感信息，降低隐私泄露的风险。

（3）制定严格的数据管理规定

除了技术层面的防护措施外，还应制定严格的数据管理规定。企业应明确数据的所有权和使用权，规定数据的访问和使用流程。同时，应加强对数据的监控和管理，确保数据的合法使用和操作。对于违反数据管理规定的行为，应进行严肃处理，以维护数据的安全和隐私。

（4）加强人才培训和技术研究

数据安全与隐私保护是一个技术性和专业性较强的问题，需要加强相关人才培训和技术研究。企业应加强对区块链技术安全和隐私保护方面的培训，增强相关人员的安全意识和技能水平。同时，应积极开展技术研究和创新，探索更加有效的数据安全和隐私保护技术手段。

第四节 仓储管理系统在仓储管理中的应用

一、仓储管理系统的功能

仓储管理系统(WMS)作为现代物流领域中的核心技术之一,具有丰富的功能和特点,为企业提供了高效、智能的仓库管理解决方案。WMS 通过集成信息技术和仓库作业管理,实现了对仓库运作的全面监控和管理,提高了仓库的运作效率和企业的竞争力。

1. WMS 具备强大的作业管理功能

通过实时监控仓库的作业流程,系统能够详细记录货物的入库、出库、移库等操作,并跟踪每个操作的状态和进度。这有助于企业实现对仓库作业的精细化管理,提高作业效率和准确性。同时,WMS 还能优化作业计划和调度,确保作业任务能够及时、准确地完成。

2. WMS 具备全面的库存管理能力

通过实时更新库存数据,系统能够及时反映仓库的库存状况,帮助企业实现库存控制和优化。根据设定的库存上下限,系统能够自动进行补货或提醒,确保库存量维持在一个合理的范围内。此外,通过与采购、销售等系统的集成,WMS 还能实现库存的预测和预警,提高库存管理的准确性和及时性。

3. WMS 还具备批次管理和质量管理功能

对于需要严格控制批次的货物,系统能够实现全面的批次管理,记录每个批次的产品信息,确保在需要时能够快速找到特定批次的产品。同时,系统还支持对仓库中的货物进行质量检测和监控,确保产品质量符合要求。通过集成检测设备,系统能够自动完成质量检测并生成检测报告,提高质量管理效率和准确性。另外,WMS 还具备强大的查询和报表生成功能。系统支持多种查询方式,包括模糊查询、组合查询等,方便企业快速找到所需信息。同时,系统能够根据企业需求生成各类报表,帮助企业更好地了解仓库运作情况和产品库存状况。通过数据分析和挖掘,企业可以进一步优化仓库管理策略和提高决策水平。

二、仓储管理系统及其组成

WMS 软件由许多功能软件子系统组合构成,基本软件情况及构成如表 5-1 所示。

表5-1　仓储管理系统及其组成

仓储管理系统（WMS）	入库管理子系统	1.入库单数据处理(录入) 2.条码打印及管理 3.货物装盘及托盘数据登录注记(录入) 4.货位分配及入库指令发出 5.占用的货位重新分配 6.入库成功确认 7.入库单据打印	
	出库管理子系统	1.出库单数据处理(录入) 2.出库项内容生成及出库指令发出 3.错误货物或倒空的货位重新分配 4.出库成功确认 5.出库单据打印	
	数据管理子系统	1.库存管理	(1)货位管理查询 (2)货物编码查询库存 (3)入库时间查询库存 (4)盘点作业
		2.数据管理	(1)货物编码管理 (2)安全库存量管理 (3)供应商数据管理 (4)使用部门数据管理 (5)未被确认的操作的查询和处理 (6)数据库与实际不符记录的查询和处理
	系统管理子系统	1.使用者及其权限设置 2.数据库备份操作 3.系统通信的开始和结束 4.系统的登录和退出	

三、仓储管理系统的操作流程

WMS中入库和出库操作流程作为其核心功能,是实现仓库高效管理的重要环节。入库流程是货物进入仓库的第一步,涉及货物信息的核实、货位安排以及实际存储的记录,而出库流程则是货物离开仓库的最后一步,包括订单处理、备货、发货及相应的信息更新。

在出库操作流程过程中,当收到发货请求时,WMS 首先会处理订单信息,核实订单的有效性以及货物库存情况,这一步可以确保只有符合条件的订单才能进行后续处理。核实无误后,系统会根据订单需求生成拣货指令,指引操作人员快速找到相应的货物。为了提高拣货效率,WMS 通常会采用智能工程技术,如最近邻算法等,来优化拣货路径。拣货完成后,系统会进行实时的库存更新,减少相应货物的库存量,接下来是发货环节,操作人员按照系统生成的发货指令将货物打包并运送至指定地点。最后,系统会记录发货信息,包括发货时间、运送方式等,以便后续的追踪和查询。

入库和出库操作流程在 WMS 中占据着举足轻重的地位,它们不仅是仓库日常运作的基础,更是实现高效、准确物流管理的重要保障。通过科学合理的入库流程设计,企业可以确保货物快速、准确地进入仓库,为后续的存储和运输奠定基础。而出库流程的优化则有助于企业快速响应市场需求,提高客户服务水平。

四、系统功能模块设计

在仓储管理系统的设计和实现过程中,系统功能模块设计是至关重要的环节,功能模块图作为系统设计的可视化工具,有助于明确各个模块之间的关系和功能划分,通过合理的功能模块设计,可以确保系统具备高效、稳定和可扩展的特性,满足企业对于仓库管理的实际需求。首先,功能模块设计需要明确系统的总体目标和功能需求。在此基础上,对系统进行模块化分解,将整体功能划分为一系列独立而又相互关联的模块。其次,每个模块应具备明确的功能定义和输入输出要求,以便进行后续的开发和测试。功能模块图是描述系统模块关系和功能划分的图形表示。通过绘制功能模块图,可以直观地展示各个模块之间的关系和层次结构。在功能模块图中,应清晰地标注每个模块的功能描述、输入输出接口以及与其他模块的交互关系。最后,还需注意模块间的耦合度和内聚性,以提高系统的可维护性和可扩展性。在完成功能模块设计后,需要针对每个模块进行具体的实现工作。这一阶段涉及编写代码、开发界面以及配置相关设置等任务。在实现过程中,应遵循设计原则和规范,确保每个模块的功能得以准确实现,并注意代码的可读性、可维护性和性能优化。

第五节　虚拟仿真技术在仓储优化中的应用

一、库存管理应用仿真技术的必要性

在过去的工业时代,企业的运营模式往往较为封闭,缺乏必要的信息交流。这就导致了企业在安排生产时,不得不依靠预测来估计未来的市场需求。然而,预测与实际需求之间往往存在一定的差距,这不仅影响了企业的生产计划,而且给库存管理带来了很大的困扰。在货物需求方面,预测的误差可能导致库存不足或过剩的现象;在仓储能力上,由于预测的不准确性,可能会出现仓库空间紧缺或容量过剩的情况;在设备使用方面,由于需求的波动性,可能会导致某些设备超负荷工作而其他设备闲置,这些问题不仅增加了企业的运营成本,而且占用了大量的流动资金。更为严重的是,如果这些问题处理不当,可能会影响到企业的客户服务水平,甚至丧失商业机会。

1. 仿真技术可以帮助企业确定最佳的订货时机和订货量

通过模拟市场需求和库存消耗过程,企业可以精确地预测何时需要再订货以及订购多少数量。这样不仅可以避免库存积压和浪费,而且可以确保企业始终保持足够的库存水平以满足客户需求。

2. 仿真技术还可以用于仓库的选址、布局和容量规划

通过模拟仓库的运作过程,企业可以评估不同布局和容量配置下的货物吞吐量和存储效率。根据模拟结果,企业可以优化仓库的布局和容量配置,提高仓库的运作效率和存储能力。

3. 仿真技术还可以应用于设备的配置和运作优化

通过模拟设备的运作过程,企业可以分析设备的负载情况和运作效率。根据模拟结果,企业可以合理配置设备数量,制定分配规则,优化设备的运作效率和负载均衡。这有助于避免设备闲置和超负荷工作的情况发生,提高设备的利用率和企业的整体运作效率。

4. 仿真技术也可以应用于制定合理的货物配送策略

通过模拟货物配送过程中的各种因素和条件,企业可以评估不同配送方案下的运输成本、时间成本和服务水平。根据模拟结果,企业可以制定合理的配送策略和路线规划,提高运输效率和服务质量。

二、建立仿真模型的几个关键问题

在当今复杂的商业环境中,计算机仿真技术作为一种强大的分析工具,已广泛应用于各个领域,特别是在仓库规模方案的确定过程中,仿真技术发挥着不可或缺的作用,通过模拟实际系统的运作过程,计算机仿真技术能够帮助决策者对各种方案进行深入分析,从而找到最优解决方案。

1. 考虑多项因素

在传统的仓库规模确定过程中,企业往往依赖于经验和直觉,缺乏对各种因素的综合考虑,而计算机仿真技术能够模拟仓库的实际运作过程,综合考虑货物吞吐量、存储需求、运输成本等多个因素。通过对这些因素的仿真分析,企业可以更准确地预测仓库的未来需求,从而制订出更加合理、可行的规模方案。

2. 仿真结果分析

在仿真运算过程中,企业可以对不同的仓库规模方案进行模拟和比较。通过分析仿真结果,企业可以评估不同方案的优缺点,从而找到最适合自身需求的方案。此外,仿真技术还可以帮助企业预测不同规模方案下的运营成本、服务水平等关键指标,为企业决策提供有力支持。

第六章　库存控制与存货管理

第一节　牛鞭效应与库存控制目标

一、牛鞭效应产生的原因

牛鞭效应,也被称为需求放大效应,是指在供应链中,下游企业的需求波动会沿着供应链向上游企业逐级放大的现象。这种现象产生的原因可以从多个方面进行深入分析。

1. 信息传递过程中的失真

在供应链中,每个节点企业通常只能获得有限的信息,并根据这些信息进行预测和决策,由于信息的传递过程中可能会出现误差、延迟或遗漏,导致上游企业收到的信息与实际需求存在差异。这种差异可能导致上游企业过量生产或不足量生产,进一步加剧了牛鞭效应。

2. 需求预测方法的局限性

在供应链中,每个节点企业通常会根据自身的历史销售数据来进行需求预测。然而,这种基于历史数据的预测方法忽略了各种不确定性因素,如市场变化、消费者偏好变化等,使得预测结果与实际需求存在较大偏差。这种偏差会导致上游企业的生产计划不合理,进一步加剧了牛鞭效应。此外,库存管理策略的缺陷也是导致牛鞭效应的原因之一。在供应链中,每个节点企业为了满足客户需求和提高服务水平,通常会设置一定的库存水平。然而,如果库存管理策略不合理,如过高的安全库存水平或过低的再订货点,可能会导致上游企业的生产计划过于乐观或过于悲观,进一步加剧了牛鞭效应。

3. 供应链中的竞争关系和合作关系的复杂性

在供应链中,节点企业之间通常存在竞争关系,为了争夺市场份额和客户资源,可能会采取一些不合理的竞争策略。例如,为了获得更大的折扣或更长的交货期,下游企业可能会故意夸大需求预测,导致上游企业的生产计划不合理。同时,供应链中的合作关系也存在问题,如缺乏信任、沟通不畅等,导致信息无法有效传递和共享,进一步加剧了牛鞭效应。

二、牛鞭效应的表现

牛鞭效应在当今动态的外部环境中,在供应链上的表现尤为强烈,这一现象在许多行业中都可以观察到,如电子产品、汽车制造、服装零售等,它给企业的运营效率和成本控制带来了巨大的挑战。

1. 牛鞭效应会导致需求的剧烈波动

在动态的市场环境下,消费者需求的快速变化和不可预测性使得下游企业的需求预测变得更加困难。这种困难沿着供应链向上游传递,导致上游企业面临更大的需求波动,为了满足这种波动,上游企业需要采取更为灵活的生产策略和库存管理方式来应对,这意味着上游企业需要增加生产线的柔性,以便能够快速调整产量,满足下游企业的不稳定需求。同时,为了减轻牛鞭效应带来的负面影响,上游企业也会加强与下游企业的沟通与合作,共享市场需求信息,提高整个供应链的需求预测准确性。通过实施先进的供应链管理系统,采用数据分析和技术手段来优化库存管理,上游企业可以更好地平衡供需关系,减少库存积压和产品过剩的风险。

2. 牛鞭效应会导致库存的积压和浪费

由于需求的放大效应,上游企业为了满足下游企业的需求,会过量生产或过早生产,导致库存积压和浪费,这种库存积压不仅占用了企业的资金和资源,还增加了库存管理和物流成本。同时,过量的库存也意味着企业可能错过了销售机会,影响了企业的盈利能力和客户满意度。

3. 牛鞭效应还会导致供应链的稳定性下降

由于需求的放大和波动,供应链中的各个环节需要更加紧密地协同和合作,以确保供应链的稳定运行。然而,在实际操作中,由于信息传递的延迟和误差、企业间的信任缺失以及合作机制的不完善等原因,供应链的稳定性往往受到挑战。这种不稳定性可能导致供应链的中断或延迟,影响企业的生产和交付能力。

三、牛鞭效应的解决办法

从供应商角度看,"牛鞭效应"问题是一个复杂的现象,其实质是供应链上各层级销售商转嫁风险和进行投机的结果。这一现象会导致生产无序、库存增加、成本上升、销路不畅、市场混乱和风险扩大等负面影响。因此,妥善解决"牛鞭效应"问题对于规避风险至关重要。

1. 实施订货分级管理

企业可以根据销售商的历史表现和信誉度,将销售商分为不同的级别,并为不同级别的销售商设置不同的订货量和价格策略。这样,企业可以更好地管理销售商的订货行为,降低"牛鞭效应"的发生。

2. 加强出入库管理

企业可以通过采用先进的库存管理技术和方法,如实时库存监控、智能补货等,提高出入库管理的效率和准确性。这样可以减少销售商的投机行为,降低库存积压和浪费,提高整个供应链的协同性和稳定性。

3. 实行外包服务

企业可以将部分业务外包给专业的第三方物流公司,利用其专业化的物流服务来降低运输成本和提高运输效率。这样不仅可以减少企业的运营成本,还可以提高供应链的透明度和可预测性,降低"牛鞭效应"的发生。

第二节　定量与定期库存控制方法

一、定量库存控制方法

(一)定量库存控制法概述

定量库存控制法是一种常见的库存管理策略,旨在通过控制库存量来平衡供应与需求之间的关系,以降低库存成本并提高企业的运营效率。这种方法的核心思想是在库存量降至一定水平时,及时补充库存,以保证生产和销售的顺利进行。定量库存控制法的实施需要确定两个关键参数:订货点和订货量。订货点是指库存量降至这一水平时,需要立即补充库存的点。订货量则是指在一次订货中,需要补充的库存数量。通过对这两个参数的合理设定,企业可以在满足生产和销售需求的同时,保持较低的库存水平,从而降低库存成本。定量库存控制法的优点在于其简单易行,便于企业进行库存管理。同时,通过合理设定订货点和订货量,企业可以在保证生产和销售顺利进行的同时,降低库存成本,提高运营效率。此外,定量库存控制法还可以帮助企业避免因库存积压而导致的资源浪费和资金占用。

然而,定量库存控制法也存在一些局限性。首先,该方法假设需求是恒定的或可预测的,但在实际操作中,需求的变化往往难以预测和管理。其次,该方法忽略了各种可能影响库存需求的外部因素,如市场变化、竞争对手的策略等。此外,定量库存控制法可能导致企业的生产计划和销售计划受到影响,从而影响企业的整体运营效率。为了克服定量库存控制法的局限性,企业可以采用一些改进措施。例如,通过加强市场研究和预测,提高对需求的预测精度;通过优化生产和销售计划,提高企业的整体运营效率;通过引入先进的供应链管理技术,如物联网技术和大数据分析等,实现更精准的库存控制和优化。

(二)订货批量和订货点的确定

订货点的制约因素有三个:订货提前期、需求速率、安全库存量;订货点的确定有两种类型:需求确定的订货点、需求和订货提前期都随机的订货点。

1. 定型定量订货

需求确定的订货点即在需求和订货提前期均确定的情况下,不需要设置安全库存,订货点的计算公式:

$$订货点 = \frac{订货提前期 \times 全年需求量}{360}$$

2. 随机型定量订货

在需求不确定的情况下,为保证生产的连续性,满足客户需求,需要设置安全库存以确定订货点,订货点的计算公式:

$$订货点 = (平均需求量 \times 订货提前期) + 安全库存量$$
$$安全库存量 = (预计日最大需求量 - 日正常需求量) \times 订货提前期$$

3. 概率型定量订货

概率型定量订货指订货提前期和需求期都不确定的情况,使用前提是订货提前期的需求量是一个随机变量,并且受需求速度和订货提前期长度的影响。

(三)分批连续进货的进货批量

在连续补充库存的情境中,面临一个实际操作问题:大量进货不可能瞬间完成,而是需要分批、连续地进行,这种情况下,库存可能在进货的同时被消耗,即所谓的"边补充边供货"模式。一旦库存量达到最高点,我们会停止进货,仅通过供应满足需求,直到库存量降至安全水平。这种分批连续进货的模式有其经济合理性,旨在实现存货总成本的最优化。具体来说,经济批量订购的概念在此依然适用,它是指能够使存货总成本最低的订购量,通过合理的批量选择,企业可以平衡库存成本与补货成本,确保整个库存管理过程的经济性。

二、定期库存控制

定期库存控制是一种常见的库存管理策略,其核心思想是按照固定的时间间隔进行库存盘点和调整,这种方法的主要目标是确保在固定的时间段内,库存量能够满足生产和销售的需求,同时避免库存积压和浪费。在定期库存控制中,企业会设定一个固定的时间周期,例如每周、每月或每季度,对库存进行盘点和调整。在每个周期结束时,企业会根据当前库存量、历史销售数据以及未来的销售预测,确定下一周期的库存需求。然后,企业会根据需求进行库存补充,以使库存量达到预设的目标水平。定期库存控制的优点在于其简单易行,便于企业进行库存管理。通过设定固定的时间周期,企业可以按照计划进行库存盘点和调整,避免了因需求波动而导致的频繁调整。此外,定期库存控制还可以帮助企业合理规划生产和采购计划,提高企业的运营效率。

三、定量与定期库存控制法的优缺点及适用范围

定量与定期库存控制法是两种常见的库存管理方法,它们各自具有优缺点,并适用于不同的场景。定量库存控制法其优点在于它能够保持稳定的供应链供给,降低缺货的可能性。同时,当实际需求超过预测时,可以立即补充所需数量,避免供应中断。而定期库存控制这种方法的优点在于它可以实时跟踪库存情况,并根据实际情况进行调整,从而减少了不必要的库存浪费。但是,定期库存控制法也有其局限性,主要是由于频繁的库存检查可能导致员工疏忽,而且过多的检查也可能增加成本。此外,定期库存控制法不能有效地处理意外事件或非正常消耗,这些情况下,定量控制法可能更为有用。

定量库存控制法更适用于那些需求稳定、可预测的行业或项目。例如制造业中的生产线需求、物流行业的运输需求等。而对于那些需求波动大、不可预测的任务,定期库存控制可能是更好的选择。例如在医疗设备或药物这样的紧急用品中,必须保证 24/7 的不间断供应,这时就需要使用定量库存控制法以保证连续供应的同时尽量减小库存压力。

四、定量库存控制法与定期库存控制法的区别

定量库存控制法是根据预先设定的数量进行库存控制的方法,这种方法通常基于产品的单位用量、生产周期和损耗率等因素来设定一个固定数量的库存。其优点在于能够保持稳定的供应链供给,降低缺货的可能性。当实际需求超过预测时,可以立即补充所需数量,避免供应中断。然而,这种方法的

缺点在于它可能过于依赖固定的预测,而这些预测可能会受到许多不确定因素的影响,如市场变动、季节性变化等,导致库存过多或者过少的情况发生。同时,由于所有的补货决策都是基于历史数据,而历史数据本身就存在着不准确和不完整的问题,这可能导致实际的库存水平和实际需求之间存在较大的误差。

相比之下,定期库存控制法是一种通过定期检查库存水平并据此做出采购或补货决策的方法。这种方法可以根据一定的时间间隔对库存进行盘点,并对实际库存量和预定库存量进行比较。如果发现差异,就会调整库存政策。虽然它可以实时跟踪库存情况,并根据实际情况进行调整,从而减少了不必要的库存浪费,但它不能有效地处理意外事件或非正常消耗,这些情况下,定量控制可能更为有用。此外,频繁的库存检查也可能增加成本和工作量,因为需要更多的时间和人力资源来进行库存盘点和核对。

第三节　ABC 分类法及经济订货批量

一、ABC 分类法

ABC 分类法是一种常用的管理策略,主要用于对库存进行分类和排序。这种方法的基本原理是将库存项目分为 A、B、C 三类,分别采取不同的管理方法。这是一种基于帕累托原则的库存管理方法,它通过对库存物品的数量和重要性的分析,将它们分成三个等级:A、B、C,以便区别对待和管理。其中,A 类物品数量较少但价值较高,需要投入更多的精力和资源进行管理和控制;B 类物品数量较多但价值相对较低,可以适当地降低管理力度;而 C 类物品则属于数量庞大且价值不高的低值物品,可以适当放宽管理要求。这种分类方法的目的是在保证库存合理流动的同时,最大限度地提高管理效率和经济效益。

这个方法的基本原理是"关键的少数与大量的多数"的原理,即在一个库存项目中,只有一小部分的项目占用了大部分的资金或资源,而大多数的项目只占总价值的很小一部分。因此,通过将库存按照这一规律进行分类,我们可以更好地把握重点,有针对性地安排管理工作,并优化资源配置。

在具体应用中,通常根据以下几个因素来划分库存项目的类别:需求量、采购成本、占用资金、利润水平等。通过对这些因素的评估和分析,可以将库存项目划分为不同的等级。例如,对于高价值和高需求的物品,如高科技产品、医疗设备等,应给予更高的关注度;而对于低价值低需求的物品,如办公用品、文具等,则可适当放松管理要求。

ABC 分类法的优点在于能够有效地减少浪费和提高效率。通过区分不同级别的库存项目,企业可以根据实际情况制定相应的管理措施,如集中采购、定期盘点、及时补货等。这样可以避免资源的浪费和资金的闲置,同时也可以提高管理的灵活性和针对性。此外,ABC 分类法还可以帮助企业更好地掌握市场需求和趋势,为决策提供更有力的支持。

二、EOQ 库存控制策略

EOQ 库存控制策略,即经济订货量模型,是一种广泛应用于库存管理的经典策略。它通过数学模型和经济学原理来确定最佳的订货量和订货时间,以达到降低库存成本、提高库存周转率的目的。EOQ 库存控制策略的核心思想是平衡库存成本和订货成本,以最小化总成本。它基于以下几个基本假设:需求率为常数、订货提前期为常数、库存持有成本与库存量成正比、订货成本与订货次数成反比。在这些假设下,EOQ 模型通过求解数学公式来确定最佳订货量,即经济订货量。首先,它简化了库存管理过程。通过 EOQ 模型,企业可以方便地计算出最佳订货量和订货时间,不需要进行复杂的需求预测和库存分析,这有助于减少人力和物力的投入,提高库存管理的效率和准确性。其次,根据 EOQ 模型,企业可以在满足需求的前提下,尽量减少库存量,从而降低库存持有成本和资金占用。同时,通过精确地预测和满足需求,企业可以减少不必要的库存积压和浪费,提高库存周转率。此外,企业可以根据实际情况对模型进行适当的调整,以适应多种产品线、多个仓库或多个供应商的库存管理需求。这有助于企业实现全面的库存优化和管理。

三、EOQ 模型的基本原理和应用场景

常见的 EOQ(经济订货量模型)库存控制方法是一种广泛应用于制造业和物流管理的策略,它通过确定合理的采购批量和库存水平来降低成本、提高效率并优化供应链管理。在 EOQ 模型中,有两种常见的情况需要考虑:不允许缺货时的经济批量和允许缺货时的经济批量。一是不允许缺货时的经济批量。在这种情境下,企业关注的核心问题是如何以最低的成本获得合适的数量,以满足需求而不会出现短缺或供应中断的风险。基于这个目标,EOQ 模型通过求解一个简单的数学规划问题来确定最优的采购批量。通常采用公式法或者计算机模拟的方法进行计算。当不考虑缺货风险时,EOQ 模型能够为企业提供一个相对简单且实用的决策工具。然而,这种模型的局限性在于它忽略了潜在的市场不确定性因素,如需求波动、供应商的交货时间等。

二是允许缺货时的经济批量。这种情况在实际业务中更为常见,因为现

实中的供应链往往面临各种不确定性和挑战,包括原材料价格的波动、运输延迟等。在这种情况下,允许一定程度的缺货可以提高企业的应变能力,但同时也需要权衡成本与效益的关系。为了实现这一平衡,我们可以考虑引入多周期库存模型,它将企业的运营视为多个相互独立的子系统,每个子系统中都包含一个与之对应的 EOQ 模型。这种方法可以根据不同部门的实际需求和资源分配情况来进行灵活调整和控制。

对于企业和相关利益方而言,适当的 EOQ 设计和实施还有助于减少浪费和提高效率。在某些情况下,过于保守的设计可能导致较高的库存持有成本和浪费,而过度的库存则可能增加存储空间的需求并导致不必要的维护费用。相反,合理的 EOQ 设计可以通过有效地管理库存水平和响应速度来实现更高的效率和盈利能力。

四、EOQ 模型与现代存货管理的需求

EOQ 模型,即经济订货量模型,是一种经典的库存管理策略,其理论基础坚实,实用性强,在国外企业的存货管理中,EOQ 模型曾被广泛采用,并取得了良好的经济效益,这一策略的核心理念是通过精确计算最佳订货量和订货时间,以最小化库存成本,从而优化库存结构,提高资金利用效率。

EOQ 模型的应用为企业管理者提供了一种有效的工具,能够帮助他们制定更为科学和合理的存货管理决策。通过运用 EOQ 模型,企业可以根据市场需求和供应状况,精确预测未来的库存需求,从而制订出合理的采购计划和库存水平。这不仅可以避免库存积压和浪费,降低库存持有成本,而且还可以减少缺货现象,提高客户满意度。在资金规划方面,EOQ 模型的运用也有着重要的意义。随着市场竞争的加剧,资金链的稳定对于企业的生存和发展至关重要。通过合理控制库存成本,企业可以更加精确地规划资金的使用,提高资金利用效率。这有助于企业减少资金占用,降低财务压力,从而更好地应对市场变化和风险挑战。

EOQ 模型的运用不仅有助于企业降低库存成本和提高资金利用效率,还可以增强企业在市场上的竞争力。在激烈的市场竞争中,企业需要不断地优化自身的经营策略和管理方式,以适应快速变化的市场环境。通过采用 EOQ 模型等先进的库存管理方法,企业可以更好地满足客户需求,提高自身的运营效率和盈利能力。这有助于企业在市场竞争中脱颖而出,赢得更多的市场份额和竞争优势。

第四节 MRP、JIT 库存控制方法

一、MRP 库存控制方法

(一)MRP 的基本思想

MRP(物料需求计划)关注产品结构和物料清单的管理,产品结构是指最终产品的组成成分以及各成分之间的数量关系和层次关系,物料清单则是指产品在生产过程中所需要的零部件、原材料等的组成清单,通过建立产品结构和物料清单,MRP 能够精确地确定产品所需的零部件和原材料,以及它们之间的数量关系和需求时间。其次,MRP 采用基于时间的计划方式,这意味着计划是按照产品或部件的工艺流程或关键件来确定时间序列进行的,这种方式能够考虑产品的生产周期、采购提前期等时间因素,确保计划的有效性和可行性。此外,独立需求是指对产品的需求量是已知和确定的,而不是依赖于其他产品的需求量。独立需求可以通过市场预测、客户订单等方式获得。MRP 通过分析独立需求来计算出各零部件和原材料的需求量,并按照时间序列进行安排。而且,计算机系统的使用大大简化了复杂的计算和分析过程,提高了计划的效率和准确性,通过计算机系统,MRP 能够处理大量的数据,快速得出所需零部件和原材料的计划结果。另外,计划的闭环控制意味着计划不仅是一个制订计划的静态过程,而且是一个动态的过程,需要不断地进行监控、调整和优化,通过闭环控制,MRP 能够及时应对实际生产过程中的变化和不确定性,确保计划的可行性和有效性。

(二)MRP 的发展

从早期的简单库存管理工具,到现代复杂的供应链管理系统,MRP 经历了许多变革和技术进步,以适应不断变化的市场环境和客户需求,在 MRP 发展的初期阶段,企业主要依赖传统的库存管理和人工计划方法来管理生产资源。这些方法通常基于对历史数据的分析来确定原材料、零部件和成品的库存水平。然而,这种方法存在许多缺点,如错误率较高、计划周期长且不灵活等。因此,这种传统的方法无法满足现代企业的需求,他们需要更加精确、及时和有效的物料计划系统。随着计算机技术和工业自动化的普及,MRP 逐渐崭露头角。最初的 MRP 仅用于生产计划的制订,但很快扩展到了包括物料清单、采购订单和库存管理等在内的更广泛领域。这一阶段的突破性技术包括

物料需求计划算法的开发和应用,以及计算机软件的出现,使得企业能够轻松地处理大量数据并生成实时报告。

进入 21 世纪后,随着信息技术的飞速发展,MRP 得到了进一步发展和完善。企业开始采用先进的供应链管理系统,将供应商、制造商和分销商紧密连接在一起,形成一个高效的网络结构,在这个系统中,MRP 不仅考虑了企业内部的生产需求,还考虑了整个供应链的需求和协同效应。通过集成各个部门和环节的信息,供应链管理系统可以提供实时的市场信息和决策支持,帮助企业做出更明智的决策。此外,人工智能和大数据分析等新兴技术的发展也为 MRP 带来了新的机遇和挑战。这些技术可以帮助企业实现更高级别的智能化和自动化,提高生产效率和降低成本。同时,它们还可以为企业提供更多的数据分析工具和方法,以便更好地理解市场需求和预测未来的趋势。

二、JIT 库存控制方法

JIT(即时制)库存控制是一种先进且有效的库存管理方法,它旨在通过减少不必要的库存来提高效率和降低成本。这种方法的核心思想是指在需要的时候采购和生产所需的物品,从而消除库存浪费、降低库存管理难度并提高响应突发需求的灵活性。在传统的库存控制方法中,企业通常会储备大量库存以应对可能的意外情况或重复购买。然而,这种做法不仅增加了企业的资金占用成本和管理负担,还可能导致资源的浪费。相比之下,JIT 库存控制强调的是一种拉动式的方法,即只有在需要时才进行生产和采购,这可以最大限度地减少原材料、半成品和成品的库存量。在实施 JIT 库存控制法的过程中,企业需要注意以下几个方面:首先,要进行彻底的流程再造,尽可能消除无效作业和不增值环节;其次,要建立基于实时信息的敏捷供应链管理系统,以便及时掌握市场需求信息并进行快速响应;最后,要培养员工的团队合作精神和对标准化的执着追求,以确保持续改进和实现零缺陷。具体来说,JIT 库存控制法的策略包括拉式生产、单件流和持续改善等。拉式生产是指根据客户的需求来生产产品,当一个批次的产品被销售出去后,下一批的生产计划就会启动,这样不仅可以确保产品的质量和交货期,还可以大大减少库存积压的问题。单件流则是一种新型的制造方式,它将产品从供应商到客户的整个过程划分为若干个小的流程段,并在每个流程段上使用各种精益工具和方法来实现无库存生产,持续改善则是 JIT 库存控制法的重要理念之一,它要求企业在不断循环改善的过程中寻找更优的生产方式,从而实现长期稳定的生产效益。

第五节　供应链管理环境下的库存控制方法

一、供应链管理

供应链管理作为一种现代企业管理模式,旨在通过集成和优化供应链中的信息流、物流和资金流,实现整个供应链的高效运作。在库存管理方面,供应链管理强调的是协同、预测和风险管理,而非传统的库存控制和补货策略。协同是供应链管理的核心之一,它要求企业与供应商、分销商和其他合作伙伴建立紧密的合作关系。通过共享需求信息、库存状态和预测数据,企业可以更好地协调供需关系,减少信息不对称和延误,从而提高库存管理的效率和准确性。这种协同关系也有助于降低库存成本和缺货风险,提高客户满意度。预测在供应链管理中占据着至关重要的地位。通过收集和分析历史销售数据、市场趋势和竞争对手情况,企业可以更准确地预测未来需求。这种预测不仅有助于制订合理的库存计划,还可以为供应商和分销商提供预警,以便他们提前准备和调整生产计划。精准的预测有助于降低库存成本、减少库存积压和过期风险,同时提高客户满意度。风险管理是供应链管理不可忽视的方面。由于供应链中存在着各种不确定性因素,如市场需求波动、供应商中断和运输延误等,企业需要识别和分析潜在的风险,并制定有效的应对策略。通过建立风险评估机制、储备应急计划和多元化的供应来源,企业可以降低风险对库存管理的影响,确保供应链的稳定性和可靠性。此外,持续改进和优化是供应链管理的重要原则之一。企业应定期审查库存管理策略的有效性,并针对市场变化和客户需求的变化进行调整。通过引入先进的库存控制技术和方法,如实时跟踪技术、智能仓储管理系统等,可以提高库存管理的效率和准确性。此外,鼓励员工参与改进和创新也是推动持续改进的重要途径。

二、供应商管理的库存

(一)VMI 模式的内涵和特点

VMI(供应商管理库存)模式是一种供应链管理策略,其内涵是在供应链环境中实施一种集成的、协作的、灵活的管理方法,以增强对客户需求的理解和响应能力。该模式的特点在于强调供需双方的高度协同和信息共享,通过供应商直接参与库存管理和过程控制,从而实现降低成本、提高效率、优化供应链的目标。

首先,VMI 模式打破了传统的各自为政的库存管理模式,取而代之的是一种跨部门、跨企业的全局最优的库存管理策略,在这种模式下,供应商、制造商和客户企业紧密合作,共同制订库存计划,并通过对市场需求的预测来确定合理的库存水平。这种协作方式有助于减少不必要的需求预测误差,从而提高供应链的整体效率和稳定性。

在 VMI 模式下,库存管理的核心是市场需求,即根据实际或预测的用户需求来决定库存水平和补货策略。这意味着供应商、制造商和客户企业需要充分了解并准确预测用户的需求变化,以便及时调整库存和生产计划。而且,VMI 模式要求供需双方高度分享信息,包括库存状态、订单执行情况、物流信息等,这样能够实现实时的信息传递和反馈,使各方能够实时协调决策,避免信息不对称导致的资源浪费和效率低下。并且,由于 VMI 模式强调基于市场需求的动态调整,因此能够更好地适应市场的变化和不确定性因素。当用户需求发生变化时,VMI 模式能够迅速调整库存策略和生产计划,从而保证供应链的灵活性和快速反应能力。此外,通过 VMI 模式,可以实现库存成本的合理分摊,降低采购成本和管理成本;同时可以提高供应链的运作效率,缩短交货周期,加快物流速度,进而提升整个供应链的绩效。另外,VMI 模式能够更好地满足客户的个性化需求,提高客户满意度和服务水平。通过与客户的密切合作和数据共享,VMI 模式可以提供更加精准的库存信息和定制化的服务方案,以满足不同客户群体的需求。

(二) 选择 VMI 模式的原因

选择 VMI 模式的原因在于其能够实现供应链上下游企业的双赢,并且具备显著的供应链减"负"功能,这种库存管理模式通过优化供应链中的信息流、物流和资金流,为整个链条带来了显著的效益。

在传统的库存管理模式下,由于信息不对称和缺乏有效的协调机制,上游供应商和下游零售商往往面临着库存积压和缺货风险,这不仅增加了库存成本,还可能导致客户满意度的下降。而 VMI 模式通过将库存管理权转移交给上游供应商,实现了信息的共享和协同决策。这样,供应商可以更准确地预测和调整库存,降低库存积压和缺货风险,同时满足下游企业的需求。下游企业则可以将更多的精力集中在自身的核心业务上,提高运营效率。因此,VMI 模式能够实现供应链上下游企业的共赢。而且,在 VMI 模式下,供应商负责库存的管理和补货。这有助于减少下游企业的库存负担,降低库存成本。同时,供应商通过集中采购、批量生产和运输等方式,可以降低采购成本和运输成本,这些成本的降低不仅有助于提高整个供应链的效率,还有助于增加企业的竞争力。此外,VMI 模式还有助于提高供应链的透明度和可预测性,通过信息的共享和协同决策,供应商和下游企业可以更好地预测需求和库存状况,减少信息不对称和延误。这有助于提高整个供应链的可预测性和稳定性,降低风险和不确定性。

(三)VMI 模式的运作

VMI(供应商管理库存)模式是一种供应链管理策略,其运作方式是在供应链环境中实施一种集成的、协作的、灵活的管理方法,以增强对客户需求的理解和响应能力,该模式的运作特点在于强调供需双方的高度协同和信息共享,通过供应商直接参与库存管理和过程控制来实现降低成本、提高效率的目标。

在 VMI 模式的运作中,首先需要明确供需双方的职责和工作流程。通常情况下,供应商与制造商或分销商共同制订库存计划,并承担相应的库存风险和管理责任。然而,这种合作关系并不局限于传统的采购和供应部门,而是涉及整个企业的各个部门和环节。这意味着所有相关人员都需要具备高度的协作精神和合作意识,共同努力实现 VMI 模式的运作目标。

具体来说,首先,供应商根据市场需求信息和历史销售数据等,对客户需求进行预测,并与客户协商确定订单量。这个过程中需要对市场变化和不确定性因素进行充分考虑和分析,以确保订单的合理性和可行性。其次,供应商根据订单要求和库存情况,制订合理的库存分配方案和配送计划,这需要考虑运输成本、时间限制、库存安全等因素,确保货物能够及时准确地送达目的地。最后,在整个物流过程中,供应商需要与客户保持密切沟通,实时跟踪货物的位置和状态,并及时将相关信息传递给相关部门,这样可以在出现异常情况时迅速采取应对措施,避免影响正常生产和销售活动。另外,VMI 模式下的库存管理不仅仅是简单的交易行为,还需要关注各项指标的绩效评估。通过对实际业绩与预期目标的对比分析,可以发现存在的问题和改进的空间,进而不断调整优化库存策略和合作协议。

为了保障 VMI 模式的顺利运作,企业还需要建立完善的信息化平台和协作机制。通过采用先进的供应链管理系统、物联网技术和数据分析工具等,可以实现信息的实时共享和处理,加强各方之间的沟通和协调。同时,建立健全的规章制度和文化氛围也是非常重要的。团队协作、诚实守信、积极创新等价值观和文化理念是推动 VMI 模式成功实施的重要基础。

三、协同计划、预测和补货

协同计划、预测和补货(CPFR)是一种先进的库存管理方法,旨在通过跨企业、跨部门的协同工作,提高预测精度和补货效率,实现供应链的高效运作。这一方法的实施有助于降低库存成本、减少缺货风险,并提高客户满意度。

　　首先,协同计划是 CPFR 的核心之一,它强调企业间跨部门、跨职能的协作,共同制定销售预测、库存计划和补货策略。通过共享销售数据、库存状态和运输进度等关键信息,企业可以更准确地预测需求,并及时调整计划以应对市场变化。这种协同计划有助于减少信息不对称和延误,提高整个供应链的效率和准确性。其次,预测在 CPFR 中占据着至关重要的地位,它基于历史销售数据、市场趋势和竞争对手情况,利用统计方法和机器学习算法进行需求预测,通过提高预测精度,企业可以更准确地制订库存计划和补货策略,降低库存成本和缺货风险。最后,补货是 CPFR 的另一个关键环节。它根据预测的需求量和库存水平,制订合理的补货计划和运输策略。补货的目标是在满足客户需求的同时,降低库存成本和缺货风险,通过协同计划和预测,企业可以确定准确的补货量和补货时间,提高补货的效率和准确性。同时,企业还可以考虑采用智能补货系统和技术,如实时跟踪和智能调度等,进一步提高补货的自动化和智能化水平。另外,CPFR 的实施需要企业间建立紧密的合作关系和信任机制。通过定期沟通和协商,解决合作中遇到的问题和挑战,确保 CPFR 的顺利实施。同时,企业还需要制定有效的绩效评估和激励机制,以促进合作的有效性和持续性。

第七章 库存控制方法

第一节 基本库存控制策略

库存控制策略是管理库存的关键,它决定了何时补充库存、补充多少以及如何平衡库存成本与缺货成本。基本库存控制策略包括固定补货策略、固定储备策略、(周期性)检查策略和(周期性)订货策略。

一、固定补货策略

固定补货策略是一种常见的库存控制策略,其主要特点是定期进行补货,以保持库存水平不变。这种策略在许多行业中得到广泛应用,因为它具有简单易行、便于管理和实施等优点。然而,其有效性和适用性也受到一些限制。

(一)固定补货策略的原理

固定补货策略的核心思想是设定一个固定的补货周期,在这个周期内对库存进行补充,以维持库存水平不变。这个补货周期可以根据企业的实际需求和运营情况进行设定。在每个补货周期开始时,系统会检查库存水平,如果库存量低于设定的最低库存水平,就会触发补货操作。

(二)固定补货策略的优点

1. 简单易行

固定补货策略的操作相对简单,不需要复杂的数学模型和优化算法。企业可以根据历史数据和经验设定补货周期和最低库存水平,然后按照设定的规则进行补货。

2. 便于管理

固定补货策略能够为企业提供一个清晰的库存管理框架,使得管理人员能够更容易地跟踪和控制库存水平。这种策略也有助于减少人为因素对库存管理的影响。

3. 降低成本

通过设定合理的补货周期和最低库存水平,固定补货策略可以帮助企业降低库存成本和缺货风险。在需求稳定的情况下,企业可以精确地预测和控制库存需求,避免过多的库存积压和浪费。

(三)固定补货策略的缺点

1. 对需求变化的敏感性

固定补货策略对需求变化的适应性较差。如果市场需求发生突然变化,企业可能需要频繁调整补货计划,这会增加管理难度和成本。

2. 预测误差的影响

在固定补货策略中,预测误差会对库存水平产生较大影响。如果预测需求过高,会导致库存积压;如果预测需求过低,则可能导致缺货。

3. 缺乏灵活性

固定补货策略缺乏灵活性,难以应对突发需求或不可预测的事件。在这种情况下,企业可能需要额外的库存或紧急采购来满足需求。

(四)适用范围

固定补货策略适用于需求相对稳定、可预测的行业或企业。对于那些产品生命周期较长、需求波动不大的企业来说,固定补货策略是一种有效的库存控制方式。然而,对于需求变化较大或不可预测的情况,企业可能需要考虑更加灵活的库存控制策略,如基于需求的补货策略或实时补货策略。

二、固定储备策略

固定储备策略是一种库存控制策略,其核心思想是维持一个固定的储备量,当库存降至该水平时,即进行补货。这种策略适用于需求相对稳定且可预测的情况。

(一)固定储备策略的原理

固定储备策略的主要特点是设定一个固定的储备量,该储备量是企业为了应对需求波动而保留的最低库存水平。当实际库存量降至该水平时,企业就会进行补货,以重新达到设定的储备量。这个补货过程可以是自动的,也可以是手动的,取决于企业的库存管理系统。

（二）固定储备策略的优点

1. 简单易行

固定储备策略相对简单，企业可以根据历史数据和经验设定储备量，然后按照设定的规则进行补货。

2. 稳定性好

由于固定储备策略基于稳定的补货频率和固定的储备量，因此可以更好地应对需求波动。在需求可预测的情况下，企业可以较为准确地控制库存水平，减少缺货或过剩的风险。

3. 成本效益

在固定储备策略下，企业可以根据预测的需求调整补货频率和批量大小，以实现库存成本和补货成本的平衡。这有助于降低库存持有成本和补货成本。

（三）固定储备策略的缺点

1. 对需求变化的敏感性

如果市场需求发生突然变化，固定储备策略可能无法快速适应。如果预测需求过高，会导致库存积压；如果预测需求过低，则可能导致缺货。

2. 缺乏灵活性

固定储备策略较为保守，在需求波动较大的情况下，企业可能需要频繁调整储备量或采用其他库存控制策略。

3. 对预测误差的敏感性

由于固定储备策略依赖于对需求的预测，因此预测误差会对库存水平产生较大影响。如果预测需求过高，会导致过多的库存；如果预测需求过低，则可能导致缺货。

三、(周期性)检查策略

(周期性)检查策略是一种常见的库存控制策略，其主要特点是通过定期检查库存水平来决定是否进行补货。这种策略适用于那些需求波动较大、预测较为困难的情况。

（一）(周期性)检查策略的原理

(周期性)检查策略的核心思想是设定一个固定的检查周期，在每个检查周期结束时,检查库存水平。如果库存量低于设定的最低库存水平,就会触发补货操作。这个检查周期可以根据企业的实际需求和运营情况进行设定,通常可以是每天、每周、每月等。

(二)(周期性)检查策略的优点

1. 实时性

(周期性)检查策略能够实时反映库存水平的变化,避免因为需求波动导致的缺货或过剩问题。通过定期检查,企业可以及时发现库存不足的情况,并进行补充。

2. 灵活性

由于(周期性)检查策略是基于实际库存水平进行补货的,因此具有较强的灵活性。企业可以根据实际情况调整检查周期和最低库存水平,以适应市场需求的变化。

3. 降低管理成本

(周期性)检查策略不需要频繁地进行库存检查或补货。这有助于降低管理成本和人力成本。

(三)(周期性)检查策略的缺点

1. 对时间敏感

(周期性)检查策略对时间的要求较高,如果检查周期过长,可能会导致库存积压或缺货。因此,合理设置检查周期是关键。

2. 预测误差的影响

由于(周期性)检查策略是基于实际库存水平进行补货的,因此预测误差可能会影响补货决策。如果实际需求高于预测,可能会导致库存不足;如果实际需求低于预测,则可能导致库存积压。

3. 增加库存管理成本

虽然(周期性)检查策略可以降低管理成本,但在某些情况下,可能需要增加库存管理成本。例如,对于需求波动较大的产品,可能需要更频繁地进行库存检查和调整。

(四)适用范围

(周期性)检查策略适用于需求波动较大、预测较为困难的情况。对于那些产品生命周期较短、市场需求变化较快的企业来说,(周期性)检查策略是一种较为合适的库存控制方式。然而,对于需求稳定、可预测的行业或企业,固定补货策略或固定储备策略可能更为适用。

四、(周期性)订货策略

(周期性)订货策略是一种常见的库存控制策略,其主要特点是通过定期进行订货来补充库存。这种策略适用于那些需求较为稳定、可预测的行业或企业。

(一)(周期性)订货策略的原理

(周期性)订货策略的核心思想是设定一个固定的订货周期,在每个订货周期结束时,根据预测的需求进行订货。这个订货周期可以根据企业的实际需求和运营情况进行设定。在订货周期内,企业会持续销售库存,直到下一个订货周期到来再进行补充。

(二)(周期性)订货策略的优点

1. 提高预测准确性

(周期性)订货策略通常基于对未来需求的预测进行订货。通过定期检查和更新预测数据,企业可以逐渐提高预测准确性,从而更准确地估计未来需求。这有助于减少过量库存积压或库存不足的风险。

2. 优化物流和配送

(周期性)订货策略有助于企业优化物流和配送计划。通过定期订货,企业可以更好地预测和安排运输和配送活动,提高物流效率。这有助于降低运输成本、减少运输延迟和提高客户满意度。

3. 提高供应链协同性

(周期性)订货策略有助于企业与供应商建立更加紧密的合作关系。通过定期与供应商沟通,企业可以更好地协调供需关系,提高供应链的协同性和稳定性。这有助于降低供应中断的风险,增强企业的竞争力。

(三)(周期性)订货策略的缺点

1. 对需求变化的敏感性

(周期性)订货策略的一个主要缺点是对需求变化的敏感性。在实际运营过程中,市场需求往往会发生变化,而周期性订货策略无法快速适应这些变化。如果市场需求在订货周期内突然增加,可能会导致库存不足的情况,从而影响销售和客户满意度。反之,如果市场需求在订货周期内减少,则可能导致库存积压,增加库存持有成本。

2. 对预测误差的敏感性

(周期性)订货策略通常基于预测的需求进行订货,因此对预测误差的敏感性较高。如果预测需求过高,会导致过量库存积压;如果预测需求过低,则可能导致库存不足。这种误差可能会对企业的运营产生负面影响,如缺货、销售额下降等。

3. 缺乏灵活性

(周期性)订货策略的另一个缺点是缺乏灵活性。由于订货周期是固定的,因此难以应对突发需求或不可预测的事件。在这种情况下,企业可能需要额外的库存或紧急采购来满足需求,这会增加库存成本和运营风险。

(四)适用范围

(周期性)订货策略适用于需求较为稳定、可预测的行业或企业。对于那些产品生命周期较长、市场需求较为稳定的企业来说,(周期性)订货策略是一种有效的库存控制方式。

五、基本库存控制策略的优化

(一)策略整合与多元化

单一的库存控制策略往往难以应对复杂的供应链环境,因此,整合多种策略进行多元化管理成为一种趋势。例如,可以采用固定储备与周期性检查相结合的策略,根据实际需求调整储备量,并在周期性检查时进行库存补充。这种策略既保证了库存的稳定性,又提高了对需求变化的适应性。

(二)实时调整与动态监控

优化库存控制策略的关键在于实时调整和动态监控。企业应建立实时库存管理系统,实时监控库存水平、销售数据和需求变化,并根据这些信息及时调整库存控制策略。例如,当实际需求超过预测时,系统可以自动触发补货请求,以维持库存水平。

(三)高级预测方法

提高预测准确性是优化库存控制策略的重要手段。企业应采用先进的预测方法,如时间序列分析、机器学习和人工智能等,以提高预测精度。通过这些方法,企业可以更准确地预测未来需求,从而制定更合理的库存控制策略。

(四)协同与合作

优化库存控制策略还需关注供应链的协同与合作。企业应与供应商、分销商和其他合作伙伴建立紧密的合作关系,共享需求预测和库存信息,共同制定库存控制策略。通过协同与合作,企业可以提高供应链的透明度和响应速度,降低整体库存持有成本。

第二节　确定性需求的库存控制模型

一、确定性需求库存控制模型

(一)库存控制的重要性

库存控制是物流管理中的核心环节,它涉及企业资源的管理和优化。在现代企业的运营过程中,库存控制的好坏直接影响到企业的经济效益和竞争力。因此,对库存控制的重要性进行深入分析,有助于更好地理解其在企业运营中的地位和作用。通过科学合理的库存控制手段和方法,企业可以有效地提高客户服务水平、降低库存成本、提高资金周转率、优化资源配置、增强竞争力、减少缺货与延迟交货、防止滞销与积压、提高供应链协同效率、保障企业运营稳定性以及促进企业的可持续发展。

(二)确定性需求与不确定性需求

1. 确定性需求

在库存控制领域中,确定性需求和不确定性需求是两种基本的需求模式。这两种模式在许多方面存在显著差异,包括需求预测、库存管理策略和风险控制等方面。

确定性需求是指在一定时期内,对某一产品的需求是已知且恒定的。这种需求模式通常适用于市场相对稳定,产品需求波动小的情境。对于确定性需求,可以通过历史销售数据、市场调查等方法来预测未来的需求量。由于需求是确定的,所以可以较为准确地预测未来的需求量。在确定性需求模式下,库存管理的主要目标是确保库存量与预测的需求量相匹配。这通常涉及定期检查库存水平,并根据预测的需求量进行补充。由于确定性需求的波动较小,因此风险相对较低。管理者可以根据已知的需求量制定相应的风险管理策略。

2. 不确定性需求

不确定性需求是指对某一产品的需求无法准确预测,可能存在较大的波动或变化。这种需求模式通常出现在市场变化较快,消费者行为不确定或产品生命周期较短的情况下。对于不确定性需求,预测的准确性是一个挑战。除了历史销售数据和市场调查外,还需要考虑外部环境因素(如经济状况、竞争态势等)对需求的影响。在不确定性需求模式下,库存管理的目标是平衡库存水平和满足客户需求之间的矛盾。这通常涉及更复杂的库存控制策略,如设置安全库存、采用实时库存更新系统等。由于不确定性需求的波动性较大,风险相对较高。管理者需要制定更为全面和灵活的风险管理策略,以应对潜在的需求波动和突发的市场变化。

(三)确定性需求库存控制模型的适用场景

1. 需求波动小的行业

确定性需求库存控制模型适用于需求波动较小、市场相对稳定的行业,如食品饮料、日用品等。在这些行业中,产品需求相对稳定,且历史数据可用于预测未来需求。

2. 生产计划和供应链管理稳定的企业

对于生产和供应链管理较为稳定的企业,确定性需求库存控制模型可以帮助其实现精确的需求预测和库存管理。这些企业通常具有长期稳定的供应商和客户关系,且产品线较为固定。

3. 精确预测重要的场景

在某些场景下,需求的精确预测对企业的成功至关重要。确定性需求库存控制模型适用于这些场景,例如需要精确满足客户订单的定制化产品或服务。通过精确预测需求,企业可以确保按时交付高质量的产品或服务。

4. 对成本控制要求高的企业

对于成本控制要求高的企业,确定性需求库存控制模型可以帮助其降低库存成本并提高运营效率。通过精确的需求预测和库存管理,企业可以减少不必要的库存积压和浪费,降低库存持有成本和管理成本。

5. 需要优化资源配置的行业

确定性需求库存控制模型适用于需要优化资源配置的行业,如零售业、制造业等。通过精确的需求预测和库存管理,企业可以更好地分配资源,提高资源利用效率,降低运营成本。

二、确定性需求库存控制模型的理论基础

(一)确定性需求库存控制模型的假设条件

确定性需求库存控制模型是在一系列假设条件下建立的,这些假设对于模型的适用性和有效性至关重要。

1. 需求确定性

此模型的基本假设是需求是确定的或可预测的。这意味着企业可以根据历史数据、市场趋势或其他可用信息准确预测未来的产品需求。这种确定性允许管理者建立一个稳定的库存控制系统,以便有效地管理库存和预测未来的需求。

2. 环境稳定性

另一个重要的假设是环境相对稳定,这意味着没有大的外部事件或因素会对需求产生突然或剧烈的影响。这有助于管理者更好地预测未来的需求,因为外部干扰被最小化了。

3. 库存控制的有效性

模型假设企业有能力并确实对库存进行了有效的控制。这包括准确的库存记录、定期的库存盘点以及有效的库存补充策略。有效的库存控制系统有助于确保库存水平与实际需求相匹配。

4. 信息完全性

该模型还假设企业拥有关于需求、库存和供应链的所有必要信息。这包括历史销售数据、供应链的实时状态以及关于未来需求的准确预测。信息的完全性对于制定有效的库存控制策略至关重要。

5. 固定的补货周期与成本

模型通常假设补货周期是固定的,且补货成本在一定范围内保持不变。这有助于简化模型的复杂性,并使分析更加清晰。

6. 无缺货与无延迟

模型通常不考虑缺货或延迟交货的情况,假设所有订单都能按时满足。这一假设有助于专注于库存控制问题,而不是订单履行或分销问题。

7. 单一产品或产品线

为了简化分析,模型通常只关注单一产品或产品线,不考虑多产品或多产

品线的情况。这有助于减少复杂性并集中于库存控制的核心问题。

8. 无约束的资源

模型假设企业拥有足够的资源(如资金、人力和物资)来满足生产和库存需求,没有资源限制。

(二)确定性需求库存控制模型的分类

确定性需求库存控制模型是库存管理领域中的重要模型之一,它可以按照不同的分类标准进行分类。

1. 按需求类型分类

恒定需求模型:恒定需求模型是指需求量在一定时期内保持不变或以固定速率增长。这种模型适用于产品生命周期长、需求波动小的场景,例如日常用品、饮料等。

周期性需求模型:周期性需求模型是指需求量呈现周期性变化,如季节性产品、节日用品等。这种模型需要考虑需求的季节性波动,以便准确预测和调整库存。

趋势性需求模型:趋势性需求模型是指需求量随时间呈现线性或非线性增长趋势。这种模型适用于产品不断创新、市场需求持续增长的场景,例如科技产品、时尚潮流产品等。

2. 按库存管理策略分类

固定库存模型:固定库存模型是指企业维持一个固定的库存水平,当库存量降至该水平时进行补货。这种模型适用于需求量稳定、补货周期短的场景,例如某些快消品。

最小最大库存模型:最小最大库存模型是指企业设定一个最低库存水平和一个最高库存水平,当实际库存量低于最低水平时进行补货,当库存量超过最高水平时进行减货。这种模型可以有效地控制库存水平,避免缺货或过度库存的情况发生。

缓冲库存模型:缓冲库存模型是指企业设定一个缓冲库存水平,当实际库存量低于该水平时进行补货。与最小最大库存模型不同的是,缓冲库存水平可以根据实际需求和补货能力的变化进行调整。这种模型适用于需求波动较大、补货周期较长的场景,例如某些高价值产品或定制化产品。

连续检查库存模型:连续检查库存模型是指企业不断地检查实际库存量,并与预测的需求量进行比较,当实际库存量低于预测需求量时进行补货。

3. 按优化目标分类

成本最小化模型：成本最小化模型是指以最小化库存成本为目标进行库存控制。这种模型的优化目标是最小化存储成本、补货成本、缺货成本等。

满意度最大化模型：满意度最大化模型是指以最大化客户满意度为目标进行库存控制。这种模型的优化目标是确保产品供应的稳定性和及时性，提高客户忠诚度和市场份额。

综合优化模型：综合优化模型是指综合考虑多个目标进行库存控制，例如最小化总成本和最大化客户满意度等。这种模型通常采用多目标优化算法进行求解，以找到最佳的库存控制策略。

三、确定性需求库存控制模型的建立

（一）确定库存控制参数

在确定性需求库存控制模型中，关键的库存控制参数包括安全库存量、再订购点、补货量等。这些参数对于有效地进行库存控制至关重要。

1. 安全库存量

安全库存量是为了应对需求波动和不确定性而设立的额外库存量。安全库存量的计算通常基于过去的销售数据、需求波动性和补货时间等因素。

2. 再订购点

再订购点是指当库存量降至这一水平时，触发补货操作的点。再订购点的设定需要综合考虑需求的确定性、补货时间和成本等因素。

3. 补货量

补货量是指每次补货的数量。补货量的确定需要考虑仓库容量、运输成本和需求预测等因素。

（二）确定库存补充策略

在库存管理中，库存补充策略是维持库存水平的关键环节。

1. 库存补充策略的分类

固定补货策略：固定补货策略是指企业按照固定的时间间隔或库存水平进行补货。这种策略适用于需求稳定、补货成本较低的情况。

基于需求的补货策略：基于需求的补货策略是指根据实际需求进行补货。这种策略能够更好地满足市场需求，但需要准确预测需求。

混合补货策略：混合补货策略结合了固定补货和基于需求的补货两种策

略。企业可以根据实际情况,设定一定的库存水平,当库存量低于该水平时进行补货。这种策略适用于需求有一定波动性的情况。

2. 库存补充策略的优化

信息系统支持:有效的库存补充策略需要完善的信息系统支持,包括实时库存监控、需求预测和订单管理等。

供应商管理:与供应商建立良好的合作关系对于实施有效的库存补充策略至关重要。企业需要确保供应商的可靠性和灵活性。

数据分析与持续改进:通过数据分析不断优化库存补充策略,并根据实际情况进行调整和改进。

3. 实施库存补充策略需要的考虑因素

最小化总成本:企业可以通过比较不同补货策略下的总成本(如存储成本、补货成本、缺货成本等),选择总成本最低的策略。

物流与配送:考虑物流与配送的效率和成本,确保补货能够及时到达并降低运输成本。

提高客户满意度:除了考虑成本,企业还需要关注客户满意度。通过合理的补货策略,确保产品供应的稳定性和及时性,从而提高客户满意度。

应对不确定性:库存补充策略应考虑不确定性因素,如需求波动、供应链中断等。通过设定安全库存或采用柔性补货策略,以应对潜在的不确定性。

(三)确定库存补充量

1. 确定库存补充量的方法

基于需求的库存补充量:根据实际需求预测来确定库存补充量。这种方法考虑了市场需求的变化,但需要准确预测需求。

基于固定补货量的库存补充量:企业设定固定的补货量,无论实际需求如何,当库存量降至一定水平时进行补货。这种方法简单易行,但可能无法充分利用库存空间。

基于最高和最低库存水平的库存补充量:企业设定库存的最高和最低水平,当实际库存量低于最低水平时进行补货,当库存量超过最高水平时进行减货。这种方法可以在保证足够库存的同时避免过度库存。

2. 优化库存补充量需要考虑的因素

需求预测的准确性:需求预测的准确性直接影响库存补充量的合理性。企业应采用科学的方法进行需求预测,并不断修正预测结果。

补货成本与存储成本:库存补充量应平衡补货成本与存储成本。过多的补货可能导致不必要的存储成本,而不足的补货则可能导致缺货成本增加。

产品特性与销售季节性:不同产品的销售特性和季节性对库存补充量有较大影响。企业应根据产品特点和销售周期合理调整库存补充量。

供应链的稳定性:供应链的稳定性也是确定库存补充量需要考虑的重要因素。企业应评估供应商的可靠性,并制定应对供应链中断的策略。

3. 实施库存补充量需要考虑的因素

供应商管理:与供应商建立长期合作关系,确保稳定、及时供应,降低因供应商问题导致的缺货风险。

物流与配送:合理规划物流和配送路线,提高运输效率并降低运输成本,以确保库存补充计划的顺利实施。

四、确定性需求库存控制模型的优化方法

(一)确定性需求库存控制模型的优化目标

确定性需求库存控制模型是库存管理中的基本模型,其优化目标是在满足市场需求的同时降低库存成本。

1. 优化目标

优化目标是通过合理的库存控制策略,降低这些库存成本,如存储成本、管理成本等,提高库存周转率。

满足市场需求:确保产品供应的稳定性和及时性,以满足市场需求。避免缺货和延迟交货,提高客户满意度。

提高库存周转率:通过制定合理的库存补充策略和销售计划,提高库存周转率,加快资金流转。

优化库存结构:根据市场需求和产品特性,合理布局不同产品、规格和颜色的库存结构,以满足客户需求并降低库存风险。

2. 实现优化目标的措施

改进需求预测:提高需求预测的准确性是实现优化目标的关键。企业应采用合适的需求预测方法,并不断修正预测结果。

优化库存控制策略:根据实际情况选择合适的库存控制策略,如固定补货策略、基于需求的补货策略等,并灵活调整策略以适应市场变化。

强化信息系统支持:完善的信息系统能够实时监控库存状态和需求变化,为企业制定合理的库存控制决策提供支持。

持续改进与数据分析:通过持续的数据分析和经验总结,不断优化库存控

制策略和流程,提高库存管理水平。

(二)确定性需求库存控制模型的优化算法

确定性需求库存控制模型是库存管理领域中的基础模型,而优化算法则是实现库存控制优化的关键。通过精确求解、启发式和元启发式等不同算法的应用,企业可以在满足市场需求的同时降低库存成本、提高库存周转率并优化库存结构。在应用优化算法时,需要注重问题定义与建模、算法选择与实现、参数调整与结果评估以及持续改进与反馈等方面的综合考虑。随着技术的不断发展,将会有更多先进的优化算法应用于确定性需求库存控制模型的实践中,为企业的库存管理提供更高效的支持。

1. 优化算法的分类

精确优化算法:这类算法通过数学建模和求解,得出最优解。例如,线性规划、整数规划等。这些算法可以提供精确的结果,但计算复杂度较高,适用于较小规模的问题。

启发式算法:启发式算法基于直观和经验,通过迭代和近似求解最优解。常见的启发式算法包括遗传算法、模拟退火算法、蚁群算法等。这类算法计算速度快,适用于大规模问题,但可能得出近似最优解。

元启发式算法:元启发式算法是结合了多种启发式算法的复合算法,旨在结合不同算法的优势。例如,粒子群优化、差分进化等。这些算法在求解复杂问题时具有一定的灵活性。

2. 优化算法在确定性需求库存控制模型中的应用

问题定义与建模:需要对库存控制问题进行定义和建模,将实际问题转化为数学问题。这需要明确需求预测、补货成本、存储成本等相关参数,并建立相应的数学模型。

算法选择与实现:根据问题的性质和规模,选择合适的优化算法进行求解。对于精确求解的问题,可以采用线性规划或整数规划等算法;对于大规模问题,可以考虑使用启发式或元启发式算法。在实现优化算法时,需要确保算法的正确性和效率。

参数调整与结果评估:在应用优化算法的过程中,可能需要对相关参数进行调整,以获得更好的优化效果。同时,需要对优化结果进行评估,比较不同方案下的成本和效益,以便做出合理的决策。

持续改进与反馈:在实施库存控制策略后,需要持续关注实际运行情况,收集数据并进行分析。根据实际效果和反馈信息,对优化算法进行调整和改进,以提高库存控制的效果。

(三)优化算法的实现过程

优化算法是解决优化问题的关键工具,其目标是寻找使某个目标函数达到最优值的决策变量组合。

1. 优化算法的实现过程

问题定义与建模:需要对优化问题进行清晰定义,明确问题的目标、约束条件和决策变量。然后,根据问题的性质选择合适的数学模型进行建模,将问题转化为数学表达式或方程。

算法选择与设计:根据问题的规模、复杂性以及要求的解的质量,选择适合的优化算法。对于简单问题,可以选择精确算法如线性规划或整数规划;对于复杂问题,可能需要选择启发式或元启发式算法。设计算法时需考虑其有效性、可靠性和效率。

初始化:在开始搜索最优解之前,需要对决策变量进行初始化。选择合适的初始解或初始点集,以确保搜索过程的有效性。初始解的选择对算法的效率和结果质量有重要影响。

迭代搜索:进入迭代搜索阶段,根据所选择的算法采用不同的搜索策略。常见的搜索策略包括梯度下降法、遗传算法中的选择、交叉和变异操作、模拟退火算法中的接受概率等。在每次迭代中,通过不断调整决策变量,逐步逼近最优解。

评估与选择:在每次迭代中,评估当前解的质量。根据目标函数值或满足约束的程度,选择是否接受或拒绝当前解作为下一步的起点。这一过程通常涉及比较当前解与历史最优解,确保算法向更好的解移动。

终止条件:设置适当的终止条件,以确定算法何时停止迭代。常见的终止条件包括达到预设的最大迭代次数、解的质量达到预设阈值或连续迭代中解的改进小于某个阈值等。

输出结果:当算法终止后,输出最优解及其对应的函数值。对于多目标优化问题,可能还需要输出其他非支配解或帕累托前沿。

结果验证与后处理:验证输出结果的有效性和可靠性,确保最优解满足所有约束条件。对于复杂问题,可能还需要进行结果的后处理和分析,进一步提取问题的本质和解决方案的特点。

2. 实现优化算法的技巧和方法

参数调整:许多优化算法包含可调参数,如学习率、交叉概率等。合理调整这些参数可以提高算法的性能和收敛速度。通过交叉验证和网格搜索等方法确定最佳参数组合。

并行计算:利用并行计算技术可以提高优化算法的执行效率。将搜索过程分解为多个子任务,并在多个处理器或计算节点上同时执行,可以加速收敛并减少计算时间。

混合算法:结合多种算法的优点可以获得更好的性能。例如,将精确算法与启发式算法相结合,可以在保证解的质量的同时提高搜索效率。

鲁棒性设计:针对问题的不确定性或噪声,设计鲁棒性强的优化算法可以降低对初始解和参数设置的敏感性。这有助于提高算法在实际应用中的稳定性和可靠性。

可视化与监控:利用可视化技术可以帮助理解算法的搜索过程和结果质量。通过绘制收敛曲线、散点图等可视化工具,可以监测算法的进展和性能表现,有助于及时调整和改进算法。

软件与工具:利用专业的优化软件和工具可以简化实现过程和提高效率。例如,MATLAB、Python 的 SciPy 库等提供了大量优化算法的实现和接口,方便用户进行开发和实验。

(四)优化算法的评估与比较

优化算法在库存控制、资源分配、路径规划等众多领域具有广泛应用。在选择和应用优化算法时,对其进行评估和比较至关重要。

1. 评估指标

解的质量:评估算法找到的最优解的质量,通常通过目标函数的值来衡量。对于多目标优化问题,还需考虑非支配解的数量和质量。

收敛速度:评估算法找到最优解所需的迭代次数或时间。收敛速度快的算法在处理大规模问题时具有优势。

鲁棒性:评估算法对初始解、参数设置和噪声的敏感性。鲁棒性强的算法在实际应用中表现更稳定。

可扩展性:评估算法在处理更大规模或更复杂问题时的性能表现。可扩展性好的算法在面对问题增长时仍能保持较好性能。

可解释性:评估算法结果的直观性和易于理解的程度。对于某些应用领域,算法的可解释性尤为重要。

2. 比较方法

实验比较:通过在相同问题和数据集上运行不同算法,收集实验结果并进行比较。这种比较方法直观且具有实际意义,但可能受到实验条件和数据集的影响。

基准测试:使用标准问题和基准数据集进行测试,以评估算法的性能。基准测试有助于在不同算法之间进行公平比较,但可能忽略具体应用背景的差异。

性能曲线:通过绘制性能曲线(如收敛曲线、时间-质量曲线等)来比较不同算法的性能。性能曲线能够直观展示算法在不同阶段的性能表现。

参数敏感度分析:分析算法对参数变化的敏感程度,以评估算法的鲁棒性。通过调整参数并观察性能变化,可以对算法的稳定性和可靠性进行比较。

案例研究与实际应用:通过具体案例和实际应用来比较不同算法的性能和适用性。这种方法更具实际意义,但可能受到具体情境和数据限制的影响。

3. 影响因素

问题特性:不同问题的性质(如连续性、离散性、单目标或多目标等)对算法性能有显著影响。考虑问题的约束条件、规模和复杂性,对选择合适的优化算法至关重要。

数据集:数据集的质量、规模和分布对评估算法性能具有重要影响。考虑数据的噪声水平、缺失值和异常值等情况,有助于更准确地评估算法的实际表现。

参数设置:优化算法通常包含可调参数,这些参数的选择对算法性能具有显著影响。合理的参数设置可以提高算法的效率和鲁棒性。

计算资源:考虑计算资源的限制(如处理器速度、内存大小)对算法性能的影响。在资源有限的环境中,优化算法应具备高效计算和内存使用的能力。

并行性与分布式计算:利用并行性和分布式计算技术可以提高算法的执行效率和可扩展性。考虑计算环境的并行能力以及算法的分布式实现难度是评估现代优化算法的重要方面。

第三节 随机性需求的库存决策模型

一、库存决策模型

(一)库存决策模型的重要性

库存管理是企业在运营过程中面临的重要问题之一。库存过多会导致资金占用和库存成本增加,而库存过少则可能导致缺货和销售机会的丧失。因此,合理的库存决策对于企业的可持续发展至关重要。库存决策模型作为辅助工具,在库存管理中扮演着重要的角色。

1. 提高决策效率

通过使用库存决策模型,企业可以快速准确地分析历史销售数据、当前需求以及库存水平等信息。这有助于减少决策过程中的主观性和经验主义,提高决策的科学性和准确性。同时,库存决策模型还可以帮助企业快速响应市场变化,及时调整库存策略,降低运营风险。

2. 优化资源配置

库存决策模型可以帮助企业合理配置资源,实现库存、生产和销售之间的平衡。通过模拟不同情况下的库存变化和需求波动,企业可以制订更加精细的资源配置计划,避免资源浪费或短缺的情况发生。这有助于降低企业运营成本,提高资源利用效率。

3. 提升客户满意度

合理的库存决策模型能够确保企业有足够的库存来满足客户需求,避免缺货和延迟交货的情况发生。这有助于提高客户满意度和忠诚度,为企业赢得更多的市场份额和竞争优势。同时,良好的库存管理也有助于企业树立良好的商业形象,提升品牌价值。

(二)随机性需求的特点

在库存管理中,需求的不确定性是一个重要的考量因素。这种不确定性可以表现为多种形式,其中最常见的一种就是随机性需求。

1. 时间上的随机性

随机性需求在时间上表现为消费者需求的不可预测性。这种不可预测性可能源自消费者行为的变动、市场环境的变迁以及突发事件的影响等。由于这种时间上的随机性,企业难以准确预测某一时间段内的需求量,从而增加了库存管理的难度。

2. 数量上的随机性

除了时间上的随机性,随机性需求还表现为数量上的不确定性。即使在相同的时间段内,消费者对某一商品或服务的需求数量也可能存在较大的波动。这种数量上的随机性可能导致企业的库存积压或缺货,从而影响企业的销售和运营。

3. 频率上的随机性

随机性需求的另一个特点是需求频率的不确定性。这表现为消费者购买行为的频繁程度和集中程度的不可预测性。企业难以准确判断消费者的购买频率,从而难以制定相应的库存策略。

4. 其他特点

除了以上三个主要特点外,随机性需求还可能表现出其他一些特点,如需求的异质性、需求的可诱导性等。这些特点都增加了企业库存管理的难度,并要求企业采取更加灵活和动态的库存管理策略。

(三)随机性需求库存决策模型的研究意义

在当今复杂多变的市场环境中,企业面临着诸多不确定性因素,其中需求的不确定性尤为突出。随机性需求库存决策模型作为解决这一问题的有效工具,具有重要的研究意义。

1. 理论意义

随机性需求库存决策模型的研究有助于完善库存管理理论体系。通过构建和优化随机性需求库存决策模型,可以进一步探索库存管理的内在规律和机制,为企业制定科学合理的库存策略提供理论支持。同时,随机性需求库存决策模型的研究还有助于推动相关学科的发展,如运筹学、统计学和机器学习等。

2. 实践意义

通过随机性需求库存决策模型,企业可以更加精确地预测需求,合理规划库存,减少缺货或积压现象,提高库存周转率,降低库存成本。在激烈的市场竞争中,企业需要快速响应市场需求变化。随机性需求库存决策模型能够帮助企业快速调整库存策略,提高市场响应速度,从而抓住更多商机。随机性需求库存决策模型不仅关注单个企业的库存管理,还涉及整个供应链的协调与优化。通过与供应商、分销商和其他合作伙伴共同制定库存策略,企业可以加强信息共享和协同合作,提升整个供应链的竞争力。

此外,合理有效的库存管理对于企业的可持续发展至关重要。通过随机性需求库存决策模型的应用,企业可以优化资源配置,降低运营风险,提高运营效率,从而实现可持续发展目标。

二、随机性需求的基本理论

(一)随机性需求的影响因素

随机性需求是库存管理中一个重要的概念,它指的是消费者对某一商品或服务的需求在数量、时间和频率上的不确定性。这种不确定性给企业的库存管理带来了挑战。

1. 市场需求变化

市场需求的变化是影响随机性需求的主要因素之一。市场需求的变化可能源自消费者偏好的变化、市场环境的变迁、经济形势的变化等多种因素。这种变化可能导致企业难以准确预测未来的需求,从而增加了库存管理的难度。

2. 消费者行为

消费者行为也是影响随机性需求的因素之一。消费者的购买决策过程是复杂的,受到多种因素的影响,如个人偏好、购买力、消费心理等。此外,消费者的购买决策还可能受到其他因素的影响,如社交媒体的影响、口碑传播等。这些因素可能导致消费者行为的不可预测性,增加了随机性需求的程度。

3. 市场竞争

市场竞争也是影响随机性需求的因素之一。在激烈的市场竞争中,企业面临着来自竞争对手的压力和挑战。竞争对手的营销策略、价格战、产品创新等都可能影响消费者的购买决策,从而影响企业的需求状况。这种竞争可能导致企业难以准确预测未来的需求,增加了随机性需求的程度。

4. 突发事件

突发事件也是影响随机性需求的因素之一。突发事件可能包括自然灾害、政治事件、社会事件等,这些事件可能导致市场需求的大幅波动,增加了随机性需求的程度。

(二)随机性需求预测方法

随机性需求预测是库存管理中的重要环节,其目标是依据历史数据和市场信息,对未来的需求进行估计,从而为库存决策提供依据。由于需求的随机性,预测方法的选择对于数据的准确性和可靠性至关重要。随机性需求的预测方法有多种,包括时间序列分析、统计学习模型、机器学习模型和混合方法等。各种方法都有其适用场景和优缺点,企业可以根据实际情况选择合适的方法进行需求预测。在实际应用中,应充分考虑数据的可获得性、质量和完整性,以及模型的准确性和可解释性等因素。同时,应定期对预测模型进行评估和调整,以适应市场变化和需求变动。通过选择合适的预测方法和持续优化模型参数,企业可以提高需求预测的准确性和可靠性,为库存管理提供更加科学和有效的决策支持。

1. 时间序列分析

时间序列分析是一种常用的需求预测方法。该方法基于时间序列数据,通过分析数据随时间变化的特点,识别出其中的趋势和周期性变化规律,从而对未来的需求进行预测。常见的时间序列分析方法包括指数平滑、ARIMA 模型等。时间序列分析的优点在于简单易行,适用于具有明显趋势和周期性变化的需求预测。然而,对于非线性或异常变动的情况,该方法可能不够准确。

2. 统计学习模型

统计学习模型是一类基于数据统计原理的预测方法,包括回归分析、支持向量机、决策树等。这些方法通过建立输入与输出之间的映射关系来预测需求。其中,回归分析是最常用的统计学习模型之一,可以通过对历史数据进行分析,找出影响需求的因素及其权重,从而建立需求预测模型。统计学习模型的优点在于可以处理多种类型的数据和复杂的关系,但需要大量的训练数据和较高的计算成本。

3. 机器学习模型

随着机器学习技术的发展,越来越多的企业开始采用机器学习模型进行需求预测。机器学习模型能够从历史数据中自动提取特征和规律,无须人工设定模型参数。常见的机器学习模型包括深度学习、随机森林、梯度提升等。机器学习模型的优点在于能够处理大规模数据和复杂模式,且具有较好的泛化能力。但该方法需要大量的训练数据和计算资源,且解释性较差。

4. 混合方法

为了结合不同方法的优点,提高预测精度和稳定性,混合方法被广泛应用于随机性需求预测。混合方法可以将时间序列分析、统计学习模型和机器学习模型进行组合,利用多种模型的互补性来提高预测性能。例如,可以将时间序列分析的结果作为特征输入到机器学习模型中,或者将统计学习模型和机器学习模型进行集成学习等。混合方法的优点在于能够充分利用各种方法的优势,提高预测精度和稳定性。但该方法需要仔细设计和实施,以确保不同模型之间的协调和优化。

三、随机性需求库存决策模型的发展历程

(一)早期库存决策模型

库存决策模型是企业管理者在库存管理中用于辅助决策的工具。随着时间的推移,库存决策模型经历了从简单到复杂的发展过程。早期库存决策模

型作为这一过程的起点,为企业库存管理提供了基本的框架和方法。

1. 早期库存决策模型的背景

在早期的库存管理中,由于技术手段和数据处理能力的限制,企业主要依靠经验主义和简单的手工计算来进行库存决策。随着经济的发展和市场竞争的加剧,企业逐渐意识到库存管理的重要性,开始寻求更加科学和有效的管理方法。因此,早期库存决策模型应运而生,为企业提供了一种基于数学和统计原理的决策工具。

2. 早期库存决策模型的特点

简单性:早期库存决策模型通常比较简单,只考虑基本的库存参数,如需求量、补货时间和补货数量等。这些模型通常基于基本的数学公式和统计原理,易于理解和实施。

静态性:早期库存决策模型通常假设需求和补货过程是静态的,不考虑市场变化和不确定性因素的影响。这种静态性使得模型在实际应用中往往无法准确反映实际情况。

经验依赖性:早期库存决策模型的参数设定和优化通常需要依赖管理者的经验和直觉。这使得模型的准确性和可靠性在一定程度上取决于管理者的判断能力。

缺乏数据支持:由于数据处理和分析技术的限制,早期库存决策模型通常缺乏足够的数据支持。这使得模型的有效性和可靠性受到限制。

3. 早期库存决策模型的局限性

由于上述特点的限制,早期库存决策模型在实际应用中存在一定的局限性。一方面,这些模型难以处理复杂的库存问题。另一方面,这些模型难以应对市场变化和不确定性因素,无法实现动态库存管理。此外,由于经验依赖性和数据缺乏的限制,早期库存决策模型的准确性和可靠性难以保证。

(二)现代库存决策模型

随着科技的发展和市场竞争的加剧,企业对于库存管理的要求也在不断提高。传统的库存决策模型已经难以满足现代企业的需求,因此,现代库存决策模型应运而生。

1. 现代库存决策模型的特点

动态性:现代库存决策模型充分考虑了市场变化和不确定性因素的影响,能够实现动态库存管理。这意味着企业可以根据市场需求的变化及时调整库存策略,提高库存周转率。

复杂性:现代库存决策模型能够处理多产品、多周期、多级库存等复杂问题。通过建立数学模型或运用人工智能技术,现代库存决策模型能够综合考虑各种因素,为企业提供更加科学和全面的库存管理方案。

数据驱动:现代库存决策模型高度重视数据的作用,通过收集和分析大量数据来优化库存决策。这包括销售数据、市场需求预测、供应商信息等,通过数据分析和机器学习技术,现代库存决策模型能够更加准确地预测需求和调整库存策略。

协作性:现代库存决策模型强调企业与供应商、分销商等合作伙伴之间的协作。通过信息共享和协同合作,企业可以更好地协调库存管理,降低整个供应链的库存成本和提高响应速度。

人工智能技术应用:人工智能技术为现代库存决策模型提供了强大的支持。现代库存决策模型通常采用机器学习算法进行数据分析和预测,通过自动化和智能化的方式提高库存管理的效率和准确性。

2. 现代库存决策模型的案例分析

以实时库存管理系统为例,该系统通过实时监测商品的销售情况和市场需求,及时调整库存策略,实现动态库存管理。该系统采用数据分析和机器学习技术,能够准确预测需求并优化补货计划,从而提高库存周转率和降低库存成本。此外,实时库存管理系统还支持多产品、多周期、多级库存管理,为企业提供全面的库存解决方案。

(三)随机性需求库存决策模型的最新研究进展

在当今市场环境下,需求的随机性给企业的库存管理带来了巨大挑战。为了应对这一挑战,学者和企业研究者不断探索和发展随机性需求库存决策模型。

1. 深度学习在需求预测中的应用

深度学习在需求预测中的广泛应用和显著成果,为企业库存管理带来了革命性的变革。通过构建深度神经网络,模型能够从大量历史销售数据中自动提取有用的特征,并学习到数据的内在规律和模式。这使得模型能够更准确地预测未来的市场需求,为企业制定科学的库存管理策略提供了有力支持。此外,结合循环神经网络(RNN)和长短期记忆网络(LSTM)等序列模型,深度学习能够更好地处理具有时间序列特性的需求数据。这些序列模型能够捕捉数据之间的长期依赖关系,并生成更准确的预测结果。因此,结合深度学习和序列模型的需求预测方法在库存管理中具有广阔的应用前景。

2. 强化学习在库存决策中的应用

强化学习为库存决策带来了全新的视角和解决方案。通过构建智能体与环境之间的交互,强化学习能够让模型在不断地试错中自动学习到最优的库存策略,实现库存控制的优化。一些研究者将强化学习应用于多级库存系统,通过模拟不同层级之间的库存决策过程,实现整个供应链的协同优化。这有助于提高库存周转率,降低库存成本,并增强企业的竞争力。同时,结合深度强化学习,企业可以进一步挖掘数据中的价值,提高库存决策的智能化水平。这种方法能够自动地学习和优化库存策略,减少对人工经验的依赖,使库存决策更加科学和高效。

3. 多目标优化与多准则决策

随着对库存管理复杂性认识的不断深入,多目标优化和多准则决策在库存决策模型中受到越来越多的关注。这些方法考虑了多个相互冲突的目标,如库存成本、缺货风险和客户服务水平等,为企业提供更加全面的库存管理方案。库存管理不仅涉及成本和利润,还与客户满意度、供应链稳定性等密切相关。因此,多目标优化和多准则决策方法有助于企业在多个目标之间找到平衡点,实现整体最优。通过权衡不同目标之间的利弊,企业可以制定更加科学和合理的库存策略,提高库存周转率,降低库存成本,并增强企业的竞争力。这些方法的应用有助于企业更好地应对市场变化和不确定性因素,实现可持续发展。

4. 实时优化与动态调整

实时优化技术为随机性需求库存决策模型的动态调整提供了强大的支持。这些方法能够根据实时的销售数据和市场需求信息,及时调整库存策略,提高库存管理的实时性和灵活性。在快速变化的市场环境下,能够快速响应并调整库存策略对于企业来说至关重要。实时优化技术通过实时监测销售数据和市场需求,及时发现异常情况和库存短缺,并迅速采取应对措施,有效降低缺货风险和客户满意度。一些研究工作利用在线学习算法不断更新预测模型,使模型能够随着市场变化不断调整和优化预测结果。这种在线学习的方式能够使模型适应市场变化和不确定性因素,提高预测精度和库存决策的准确性。此外,基于云计算和大数据技术,企业可以实现更高效的实时数据处理和分析。通过云计算的分布式处理和存储能力,企业可以快速处理大量数据,挖掘数据中的价值,为库存决策提供即时支持。这有助于企业更好地应对市场变化和不确定性因素,提高运营效率和竞争力。

第八章 物品养护与安全防护

第一节 物品的养护技术

一、基础知识

温湿度对物品质量的影响是至关重要的,它们在物品的储存、运输和展示过程中起到了决定性的作用,温湿度不仅影响物品的物理性质,还对其化学和生物性质产生深远的影响。为了确保物品的质量并防止其变质,对温湿度的精确控制是必不可少的。

1. 不同的物质在不同的温度条件下会表现出不同的物理和化学特性

在低温条件下,某些物品可能会变得更加坚硬或脆弱;而在高温下,它们可能会软化或变形。此外,温度还影响化学反应的速度。在适宜的温度范围内,一些化学反应会加速或减缓,从而影响物品的稳定性和保存时间。例如,食品、药品和其他易腐品需要在一定的温度范围内储存,以确保其质量和新鲜度,过高的温度会导致食品腐败变质,而过低的温度则可能导致某些药品失去活性。因此,为了确保物品的质量,精确的温度测量和控制是必不可少的。

2. 湿度不仅影响物品的外观和结构,还对其功能和保存时间产生影响

在高湿度的环境中,物品容易受潮并导致霉菌生长或腐蚀等问题。例如,书籍在潮湿的环境中容易发霉,金属制品也容易生锈。同时,湿度也会影响物品的物理性质,如膨胀、收缩或变形。对于一些对湿度敏感的物品,如木材、纸张和皮革制品等,湿度的控制尤为重要。此外,湿度还会影响包装材料的性能,如包装纸的强度和保护性。因此,适当的湿度控制对于保证物品的质量和外观至关重要。

3. 温湿度还会影响微生物的生长和繁殖

温湿度是影响微生物生长的重要因素之一,适宜的温湿度环境有利于微生物的生长和繁殖,在仓储和物流过程中,如果温湿度控制不当,可能会导致微生物污染和交叉感染等问题。这不仅会影响物品的质量,还会对人类健康造成潜在威胁。因此,在物品的储存和运输过程中,必须严格控制温湿度条件,以减少微生物的生长和繁殖。

二、在库养护的主要内容

(一)仓库温湿度的控制与调节

仓库温湿度的控制与调节是一项重要的任务,因为它直接影响到库存物品的质量和存储期限。合适的温度和湿度环境可以延长货物的保存期限,减少货物变质和损坏的风险,并确保仓库的安全性和效率。

1. 采用科学的方法和技术手段

良好的库房设计应该考虑到温度和湿度的需求,以及通风、隔热等因素。一方面,在选择材料和设备时,应考虑其耐腐蚀性、防潮性能等特性。同时,对于不同种类的货物,应当根据它们的特性和对环境的敏感程度来打造适当的储存条件。另一方面,我们可以使用各种仪器和传感器来监测和控制温湿度。例如,温湿度控制器可以实时监控环境参数,并在超出设定范围时自动启动相应的措施进行调整。一些先进的系统还可以结合物联网技术,实现远程监控和自动化调整,从而提高效率和便利性。

2. 定期维护和管理仓库也是至关重要的

管理人员需要定期检查设备的运行状况,及时维修或更换部件,以确保系统的正常运行。这不仅可以保证仓库的温度和湿度始终处于良好状态,而且还能延长设备和系统的使用寿命。

(二)金属的防锈与除锈

金属的防锈与除锈是两个相互关联的过程,它们都是为了保护金属材料,延长其使用寿命,防锈是指通过各种方法来防止金属生锈,而除锈则是将已经生锈的金属进行清理。首先,金属之所以会生锈,主要是因为空气中的氧气和水分等物质对金属表面产生了化学或电化学腐蚀作用。因此,要防止金属生锈,就需要减少金属表面的水分和氧气接触,或者在金属表面覆盖一层防护膜,以隔绝水和氧气的侵入。具体的方法包括涂漆、喷漆、镀层、烧涂搪瓷等方法。这些方法可以在金属表面形成一层保护膜,阻止金属与空气中的有害物质直接接触,从而有效地防止了金属生锈。其次,对于已经生锈的金属,我们需要采取相应的措施来进行处理。常用的除锈方法有机械法(如敲击、打磨)、化学法(酸洗)以及电解法等。其中,机械法和化学法的操作相对简单易行,成本较低。使用机械法时,可以通过磨削、敲击等方式去除锈斑;而使用化学法时,可以使用酸性溶液(如盐酸)溶解锈斑,同时清洗掉多余的酸液,避免对金属造成损害。需要注意的是,在使用化学法时要控制好酸液浓度和处理时间,以免对金属产生腐蚀作用。

(三)商品霉变腐烂防治

商品霉变腐烂的防治是商品养护中的一项重要内容,它主要是针对物品霉变的外因,即微生物产生的环境条件,而采取相应的措施,以防止商品发生霉变腐烂。微生物是引起商品霉变腐烂的主要外因,主要包括细菌、霉菌等,这些微生物在适当的温度、湿度等环境条件下,会迅速繁殖并产生有害物质,导致商品发生霉变腐烂。因此,防止商品霉变腐烂的关键是创造不利于微生物生长的环境条件。

1. 生锈的原因

在潮湿的环境下,微生物会迅速繁殖并导致商品霉变腐烂。因此,在储存和运输过程中,要保持商品干燥,防止受潮。对于易吸湿的商品,可以采用防潮包装或干燥剂等措施来降低湿度,以防止微生物的生长繁殖。

高温会加速微生物的生长繁殖,导致商品更容易发生霉变腐烂。因此,在储存和运输过程中,要避免商品长时间处于高温环境中。

2. 降低生锈概率的方法

对于易变质的商品,可以采用冷藏、冷冻等措施来降低温度,以延缓微生物的生长繁殖。此外,良好的包装可以有效地保护商品免受微生物的侵害。包装材料应该具有良好的防潮、防尘、防虫等性能,同时也要有良好的密封性和阻隔性,以防止外部环境的污染和侵入。另外,包装上的标识和说明也要清晰、完整、易于理解,以便消费者正确使用和储存商品。

除此之外,还有一些其他的防止商品霉变腐烂的方法。例如,对于易受潮的商品,可以采用真空包装或充气包装等措施来降低湿度;对于易变质的商品,可以采用辐照灭菌、臭氧处理等措施来杀灭微生物;对于易受虫害的商品,可以采用防虫剂等措施来防止虫害的侵入。防止商品霉变腐烂是一项系统性的工作,需要从多个方面入手。除了以上提到的措施外,还需要注意商品的储存环境和运输条件,保持清洁卫生和通风良好等环境条件,以及合理堆放和搬运等操作规范,只有全面考虑并采取相应的措施,才能有效地防止商品霉变腐烂,保证商品的质量和安全。

三、库区的"5S"管理

5S起源于日本,通过规范现场实物,营造一目了然的工作环境,培养员工

良好的工作习惯,其最终目的是提升人的品质。具体的5S实施过程参见表8-1:

表8-1　5S实施过程表

项目	工作任务	实施目的	实施要领
整理 (SEIRI)	1.将工作场所中的物品区分为必要的与不必要的; 2.将必要物品与不必要物品明确地、严格地区分开; 3.尽快处理掉不必要的物品。	1.腾出空间,空间活用; 2.防止误用、误送; 3.打造清爽的工作场所。	1.全面检查自己的工作场所,包括看得到和看不到的; 2.制定"要"和"不要"的判别基准; 3.将不要的物品清除出工作场所; 4.对需要的物品调查使用频率,决定日常用量及放置位置; 5.制定废弃物处理方法; 6.每日自我检查。
整顿 (SEITON)	1.对整理之后留在现场的必要物品分门别类放置,排列整齐; 2.明确数量,并进行有效的标识。	1.工作场所一目了然; 2.整整齐齐的工作环境; 3.减少找寻物品的时间; 4.消除过多的积压物品。	1.前一步骤整理的工作要落实; 2.流程布置,确定放置场所; 3.规定放置方法、明确数量; 4.画线定位; 5.场所、物品标识。
清扫 (SEISO)	1.将工作场所清扫干净; 2.保持工作场所干净、亮丽的环境。	1.消除脏污,保持工作场所内干净明亮; 2.稳定品质; 3.减少工业伤害。	1.建立清扫责任区(室内外); 2.执行例行扫除,清理脏污; 3.调查污染源,予以杜绝或隔离; 4.建立清扫基准,作为规范。

续表 8-1

项目	工作任务	实施目的	实施要领
清洁 （SEIKETSU）	将上面的 3S 实施的做法制度化、规范化，并贯彻执行及维持成果。	维持上面 3S 的成果。	1. 落实前面 3S 工作； 2. 制定考评方法； 3. 制定奖惩制度，加强执行； 4. 高阶主管经常带头巡查，以表重视。
素养 （SHITSUKE）	提高全员文明礼貌水准。	1. 培养具有好习惯、遵守规则的员工； 2. 提高员工文明礼貌水准； 3. 营造团体精神。	1. 制定服装、仪容、识别证标准； 2. 制定共同遵守的有关规则、规定； 3. 制定礼仪守则； 4. 教育训练（新进人员强化 5S 教育、实践）； 5. 推动各种精神提升活动（晨会、礼貌运动等）。

第二节　物品的盘点

一、物品盘点的定义与目的

（一）物品盘点的定义

物品盘点是指对某一特定时间段内仓库或其他存储场所中的物品进行全面清点与核查的过程。其核心目标是通过实地检查和数据记录，准确获取物品的实际数量、状态和位置等信息，并与系统记录或预设数据进行比对，以确保库存数据的准确性。

1. 全面性

盘点要求对仓库内所有物品进行全面的清点和检查，以确保没有遗漏。

2. 实地性

盘点过程需要实地进入存储场所，对物品进行直接观察和计数。

3. 准确性

盘点结果必须准确反映物品的实际状态和数量,确保库存数据的可靠性和一致性。

4. 比较性

盘点结果通常会与系统记录或先前的盘点数据进行比对,以发现差异或异常。

5. 周期性

物品盘点通常定期进行,如每日、每周、每月或每年盘点,以保持库存信息的实时性和准确性。

(二)物品盘点的目的

1. 确保库存数据的准确性

物品盘点最直接的目的就是核实库存数据的准确性。在仓库管理过程中,由于各种原因,如出入库记录错误、物品损坏或丢失等,可能会导致库存数据与实际情况不一致。通过定期或不定期的盘点,可以发现并纠正这些差异,确保库存数据的准确性。

2. 优化库存结构

通过物品盘点,企业可以了解库存中各类物品的数量和分布情况。根据盘点结果,企业可以对库存结构进行优化,如调整库存位置、调整采购策略等,以提高库存周转率和运营效率。

3. 发现库存异常情况

在物品盘点过程中,除了核查物品的数量,还可以发现其他异常情况,如物品损坏、过期、被盗等。这些异常情况可能导致企业面临损失或法律风险。通过及时发现和处理这些异常情况,企业可以采取相应的措施进行风险管理。

4. 满足法规和审计要求

在某些行业或地区,法规和审计机构可能要求企业定期进行物品盘点。这些要求旨在确保企业遵守相关法规,保持合规经营。通过物品盘点,企业可以满足这些法规和审计要求,避免因不合规问题而受到处罚。

5. 提高运营效率和管理水平

物品盘点作为库存管理中的一项重要活动,可以帮助企业提高运营效率和管理水平。通过定期盘点,企业可以及时发现并解决库存管理中的问题,优化库存结构,降低库存成本。同时,盘点结果也可以为企业决策提供数据支持,如采购、生产和销售等方面的决策。

二、物品盘点的流程

(一)准备阶段

1.制订盘点计划

需要根据企业的实际情况和需求制订详细的盘点计划。计划应包括盘点的目标、范围、时间安排、人员分工、盘点方法以及数据记录和处理方式等。

2.清理与整理

在盘点前,需要对仓库或存储场所进行清理和整理,以确保物品的摆放有序、标识清晰,便于盘点人员快速准确地识别和计数。

3.资源与工具准备

根据盘点计划,准备所需的资源与工具,如盘点表格、计数器、移动设备、条形码扫描器等。这些工具可以提高盘点的效率和准确性。

4.安全与风险评估

在准备阶段,还需对盘点过程可能涉及的安全问题和风险进行评估,并采取相应的预防措施。例如,对于重型或危险物品的搬运、高处作业等特殊情况,应制定安全操作规程。

5.暂停出入库操作

在盘点期间,应暂停仓库的出入库操作,以确保盘点的物品数量不被更改。如有特殊情况需进行出入库操作,应事先协调并确保盘点的准确性不受影响。

6.预检与预处理

对于某些特殊物品,如易腐、易燃或需要特殊存储的物品,应在盘点前进行预检或采取相应的预处理措施,以确保物品安全且符合存储要求。

7.信息收集与核对

在准备阶段,还需收集与核对相关的库存管理信息系统中的数据,以便与实际盘点结果进行比对,确保数据的准确性。

8.风险应对策略制定

针对可能出现的意外情况或风险,制定相应的应对策略。例如,对于盘点过程中可能出现的物品损坏、丢失等问题,应事先制订处理方案。

（二）实地盘点阶段

实地盘点阶段是物品盘点流程中的核心环节,其目标是准确清点和计数仓库中的物品,并记录详细信息。

1. 区域划分与责任分配

根据仓库布局和物品分类,将盘点区域划分为若干个小的区域,并明确每个区域的负责人和盘点人员。确保每个区域都有明确的责任人,以避免遗漏或重复计数。

2. 实地清点与计数

盘点人员按照预定的顺序,逐一清点每个区域的物品数量。使用计数器、条形码扫描器等工具,确保计数的准确性和效率。同时,核对物品的名称、规格、数量等信息,确保数据的完整性和准确性。

3. 异常情况处理

在盘点过程中,如发现物品数量、状态与预期不符或有其他异常情况,应及时记录并报告给相关人员。采取必要的措施进行核实和处理,如确认损坏程度、查找丢失物品等。

4. 交叉核对与抽查

为了确保盘点的准确性,可以采用交叉核对的方法,即不同的盘点人员相互核对清点结果。同时,可以进行抽查,随机选取部分物品进行复核,以确保整体盘点的准确性。

5. 记录与数据整理

在实地盘点过程中,应及时记录每件物品的数量、位置等信息。使用电子表格或专业软件进行数据整理,确保数据的完整性和格式统一。

6. 沟通与协调

在盘点过程中,如遇到问题或争议,应及时沟通并协调解决。确保盘点工作的顺利进行,避免因沟通不畅导致数据不准确或延误。

7. 安全操作规程遵守

在实地盘点阶段,应遵守安全操作规程,确保人员安全和物品的完好无损。对于重型、易碎或危险物品的搬运和清点,应特别注意操作的安全性。

8. 系统同步更新

根据实地盘点结果,及时更新库存管理信息系统中的数据。确保系统中的数据与实际盘点结果一致,提高库存数据的准确性。

9. 质量保证与控制

在实地盘点阶段,应实施质量保证与控制措施。对盘点数据进行质量检查,确保数据的准确性和完整性。同时,对盘点过程进行监督和评估,以提高整体盘点的质量。

(三)数据录入与核对阶段

数据录入与核对阶段是物品盘点流程中至关重要的一环,其目标是确保盘点数据准确无误地录入管理系统,并与原始数据进行核对,以确保数据的一致性。

1. 数据录入

在实地盘点完成后,盘点人员需将收集的数据及时录入库存管理信息系统。录入过程应遵循准确性和完整性的原则,确保每件物品的数量、名称、规格等信息准确无误。同时,需要遵循预定的数据格式和标准,以确保数据的可读性和可比性。

2. 核对原始数据

在录入盘点数据之前,应核对原始数据与盘点结果是否一致。通过比对系统中的库存记录和实地盘点结果,发现差异并进行调整,确保数据的准确性。

3. 自动化核对工具

利用自动化核对工具,如使用条形码或 RFID 技术进行数据比对,可以提高核对过程的效率和准确性。通过扫描物品上的条形码或 RFID 标签,与系统数据进行比对,可以快速发现并纠正错误。

4. 数据审核与验证

在数据录入和核对过程中,应设立审核环节,对数据进行质量检查和验证。通过复核、抽查等方式,确保数据准确无误,并及时发现和纠正错误。

5. 异常处理与记录

在数据录入和核对过程中,如发现异常情况,如数量不符、信息错误等,应及时进行处理并记录。查明原因,采取相应的纠正措施,并确保异常情况得到妥善处理。

6. 系统更新与维护

根据核对无误的盘点数据,及时更新库存管理信息系统的相关数据。保持系统数据的实时性和准确性,为后续的库存管理和决策提供可靠的支持。

7. 文档化管理

对整个盘点流程进行文档化管理,包括制订盘点计划、清理整理、实地盘点、数据录入与核对等过程进行详细记录。建立完整的文档体系,为后续的审计和追溯提供依据。

(四)报告编制与总结阶段

报告编制与总结阶段是物品盘点流程的最后一个阶段,其主要目的是汇总整个盘点过程的信息,编制盘点报告,并对盘点结果进行总结和分析。

1. 数据汇总与整理

将实地盘点阶段和数据录入与核对阶段的数据进行汇总和整理,形成完整的盘点数据集。确保数据的准确性和一致性,为后续的报告编制提供可靠的基础。

2. 编制盘点报告

根据汇总整理后的数据,编制物品盘点报告。报告应包括盘点的目标、范围、时间、人员、方法、数据记录和主要发现等内容。同时,报告应以清晰、简洁的语言书写,便于理解和分析。

3. 财务影响评估

评估盘点结果对企业的财务状况的影响。根据实际库存数量和价值,调整财务报表的相关科目,确保财务数据的准确性。

4. 总结与反思

对整个盘点过程进行总结和反思,评估整个流程的效率和效果。识别流程中的优点和不足,为后续的盘点工作提供改进方向和经验教训。

三、物品盘点的注意事项

(一)确保盘点前的准备工作的充分

在物品盘点过程中,确保盘点前的准备工作的充分是至关重要的。

1. 明确盘点目标与范围

在开始盘点前,应明确盘点的目标,例如为了核实库存数量、检查物品质量、进行价值评估等。同时,确定盘点的范围,包括要盘点的物品、仓库区域等,以便有针对性地进行准备工作。

2. 制订详细计划

为确保盘点过程的顺利进行,应制订详细的计划,对可能出现的问题和风险进行预测,并制定应对策略。计划应具有足够的灵活性,以便应对可能的变化和调整。

3. 资源与工具准备

根据盘点计划,准备所需的资源与工具,这些工具可以提高盘点的效率和准确性。确保所有工具都经过测试,以确保其正常工作。

4. 清理与整理仓库

在盘点前,对仓库进行清理和整理,确保物品的摆放有序、标识清晰。这有助于提高盘点的准确性和效率,避免因混乱或标识不清而导致的数据误差。

(二)准确记录物品的数量和状态

在物品盘点过程中,准确记录物品的数量和状态是确保盘点准确性的关键环节。

1. 确保计数准确

根据物品的特性和数量,选择合适的计数工具,如计数器、移动设备或手工记录等。制定并遵循标准化的计数流程,确保每个物品都被完整、准确地计数。在完成初步计数后,进行交叉核对,以检查是否有遗漏或重复计数的情况。

2. 详细记录物品状态

对物品的状态进行评估,包括是否损坏、过期、缺失标签等。详细描述物品的状态,确保记录的信息准确无误。如果物品的状态在盘点期间发生变化,应及时记录并更新状态信息。

3. 规范记录格式与标准

确保所有参与盘点的人员使用统一的记录格式,以保持数据的一致性。对记录人员进行培训和指导,确保他们掌握正确的记录方法和标准。定期检查记录数据的准确性和完整性,并进行抽查,以确保数据质量。

4. 异常情况处理与记录

在盘点过程中,如发现异常情况(如数量不符、物品状态异常等),应及时识别并记录。对异常情况进行调查,查找原因,采取相应处理措施,并记录处理结果。对异常情况进行持续跟踪,确保问题得到解决,并及时向上级或相关部门反馈。

(三)遵循盘点流程,确保数据的准确性

在物品盘点过程中,遵循盘点流程并确保数据的准确性是至关重要的。

1. 遵循标准的盘点流程

根据企业的实际情况和物品的特点,制定一套标准的盘点流程。流程应包括物品的清点、数据记录、核对和报告编制等环节。对参与盘点的人员进行培训,确保他们了解并遵循标准的盘点流程。强调流程的重要性,以增强员工的意识和责任感。定期对盘点流程进行审查和优化,以适应企业发展和物品变化的需要。及时调整和改进流程,以提高盘点的效率和准确性。

2. 清点物品的准确性

盘点时应逐一清点物品,确保每个物品都被计数,避免遗漏或重复计数的情况。根据物品的种类、规格和属性进行分类清点,有助于提高清点效率和准确性。在完成初步清点后,进行交叉核对,检查是否有遗漏或错误,确保清点结果的准确性。

3. 数据记录的准确性

使用标准的记录表格,确保所有参与盘点的人员都使用相同的表格格式,以便数据的汇总和分析。在记录数据时,应详细记录物品的名称、数量、规格、存放位置等信息。提供足够的信息,以便后续核对和追溯。在将数据录入库存管理信息系统时,应确保数据的准确性,避免因输入错误导致的数据误差。

4. 核对环节的重要性

在完成物品清点和数据记录后,应进行数据核对,检查是否有异常或矛盾的地方。通过核对环节,确保数据的准确性和一致性。对于重要的物品或高价值的物品,应定期进行复盘,以验证数据的准确性。通过复盘可以及时发现并纠正潜在的数据误差。将当前盘点数据与历史数据进行比较,有助于发现异常变化和潜在问题。通过比较分析,提高数据准确性和对异常变化的敏感性。

5. 采用有效的核查方法

采用抽样核查方法,对部分物品进行重点核查,以验证整体数据的准确性和可靠性。通过抽样核查可以降低误差并提高数据质量。利用现代技术手段,如条形码扫描、RFID 技术等,可以提高数据录入的准确性和效率,减少人为错误并提高数据核对的自动化程度。建立多层级核查机制,对数据进行多轮核对和交叉验证。通过多层级核查可以降低误差并提高数据的准确性。

(四)对盘点结果进行复核和分析

物品盘点的注意事项之一是对盘点结果进行复核和分析。这一步骤在确保盘点数据的准确性和可靠性方面起着至关重要的作用。

1. 复核盘点结果

在完成初步的物品盘点后,应对所记录的数据进行复核。这包括核对物品的数量、规格、存放位置等信息,以确保数据的准确性。在复核过程中,如发现异常值(如数量明显不符、数据录入错误等),应及时进行调查和处理,纠正错误或误差。为确保数据的准确性,可以安排多人进行复核。不同的人员对数据进行交叉核对,以提高数据的质量和可靠性。

2. 分析盘点结果

对盘点结果进行深入的数据分析,包括对物品的数量、种类、价值等方面的统计和分析。通过数据分析,可以发现库存管理中的问题、优化库存结构、指导采购策略等。对比实际盘点结果与预期数据或系统记录,分析差异的原因和影响。了解差异的合理性和异常性,以便采取相应的措施进行改进。通过分析历史盘点数据,可以观察库存变化的趋势。了解库存的增减情况、需求变化等信息,为企业决策提供依据。

3. 利用技术手段进行复核和分析

利用数据可视化工具,如表格、图表等,将盘点结果进行直观展示。这有助于快速识别异常值和数据模式,提高分析效率。采用专门的数据分析软件,如 Excel、Python 等工具,对盘点数据进行深入挖掘和分析。利用软件的统计分析功能,获取更多有价值的信息。利用自动化工具生成盘点报告,减少人工编制报告的误差。报告应包括数据分析结果、建议措施等内容,以便管理层进行决策。

4. 制定改进措施

基于分析结果制定改进措施:通过对盘点结果的分析,针对库存管理中的问题制定相应的改进措施。优化库存结构、调整采购策略、加强内部控制等措施可以提高库存管理的效率和准确性。确保改进措施得到有效执行,并对实施效果进行跟踪和评估。不断优化和改进盘点流程和管理制度,以提高企业库存管理水平。

第三节　仓库安全管理

一、仓库治安

(一)建立库区门卫制度

为了确保库区的安全,建立完善的门卫制度是至关重要的,门卫制度是仓库安全管理的重要组成部分,其主要目的是对进出库区的人员、车辆和货物进行严格的管理和控制,防止未经授权的人员进入库区,确保库区的安全和秩序。

1.门卫制度的建立应明确规定门卫人员的工作职责和权限

门卫人员是仓库的第一道安全防线,他们需要具备高度的责任心和警惕性。职责应包括对进出库区的人员、车辆和货物进行登记和检查,核实进出人员的身份和目的,确保符合规定要求。同时,门卫人员还应定期对库区周边进行巡逻,发现异常情况及时报告和处理。

2.门卫制度的建立应明确规定进出库区的程序和要求

对于人员进出,应要求进出人员进行登记,并对其携带的物品进行检查,防止危险品进入库区。对于车辆进出,应要求车辆进行消毒、登记和检查,确保车辆的安全和卫生。同时,应规定货物的进出必须按照规定流程进行,并确保货物的安全和质量。

3.门卫制度的建立还应加强对门卫人员的培训和教育

门卫人员需要具备一定的安全意识和应对突发事件的能力,因此应定期进行培训和教育,提高他们的专业素质和工作能力。培训和教育的内容应包括安全知识、消防知识、处理突发事件的技能等,以确保门卫人员能够有效地履行职责。另外,门卫制度的建立还需要依靠现代化的技术手段来提高管理效率和安全性。例如,可以引入智能门禁系统、监控系统等,实现对进出库区的人员、车辆和货物的全面监控和管理。这些技术手段的应用可以大大提高门卫工作的效率和准确性,减少人为因素导致的误差和疏漏。

(二)制定仓库保密规则

制定一套全面且严谨的仓库保密规则是确保仓库信息与物资安全,维护企业核心竞争力和商业秘密的重要手段,在构建这一规则体系时,应遵循以下原则并将其融入制度设计的各个环节。首要任务是对保密信息进行明确而详尽的定义，涵盖但不限于仓库库存数据、货物流转记录、客户信息、供应链策略等具有敏感性和重要价值的信息资源。这些信息的获取、存储、处理、传递以及销毁等全过程都应在保密规则中予以明确规定，并严格限制其访问权限，确保仅授权给经过严格审查且有业务需要的人员操作。其次，建立严格的保密责任制度，明确各级管理者及员工在保密工作中的职责和义务，强调违反保密规定的严重后果，应当通过签订保密协议、定期举办保密培训、考核保密知识掌握情况等方式，强化全体员工的保密意识和行为规范，形成自觉遵守保密规则的良好氛围。再者，实施严密的信息系统安全防护措施，包括但不限于防火墙设置、数据加密、访问控制、日志审计等，确保电子信息的安全性。同时，对纸质文件、实物样品等传统形式的信息载体也应采取物理隔离、专人保管、定期清理等措施，防止信息泄露。

（三）建立每天巡回检查制度

一方面，每天巡回检查制度应明确规定检查的时间、范围和内容，检查时间应安排在每天仓库关闭前，范围应覆盖仓库的各个角落，内容应包括门窗、锁、电器设备、消防设施等。检查过程中，应认真记录检查情况，对于发现的问题应及时报告并采取相应的处理措施。另一方面，在每天巡回检查制度中，应特别强调对门窗、锁等关键部位的检查。由于门窗、锁是仓库安全的第一道防线，因此必须严格检查其是否完好无损，是否能够正常关闭和锁定。发现有问题的，应及时修复或更换，以确保仓库的安全。另外，每天巡回检查制度还应规定在仓库关闭前拉掉电闸、关好门窗、锁好门锁等措施。这些措施可以有效防止盗窃、火灾等安全事故的发生。同时，在仓库开启时，应对门窗、锁等进行检查，确认无异样后方可开锁进库。这样可以避免因疏忽导致安全事故的发生。为了确保每天巡回检查制度的执行效果，应定期对仓库人员进行培训和教育。培训和教育的内容应包括安全意识、安全知识和应对突发事件的能力等，以增强仓库人员的安全意识和应对能力。

（四）实现安全监控电子化

随着计算机技术和电子技术的飞速发展，仓储安全管理正在经历一场科学化和现代化的革命，这一变革不仅改变了传统的管理模式，更在实质上提升了仓储安全的科技含量，使得安全管理更加精准、高效。

传统的仓储安全管理往往依赖于经验和管理者的直觉，而现在，通过引入先进的计算机技术，我们能够实现对仓库的实时监控、数据分析和风险预警，计算机的强大处理能力使得我们能够及时处理大量的数据,进行深度分析和预测,从而预防潜在的安全隐患。电子技术的发展也为仓储安全管理提供了更多的可能性。例如,无线传感器网络的应用使得我们能够实时监控仓库的温度、湿度、烟雾浓度等关键参数,一旦发现异常,立即触发报警系统。同时,高清摄像头和智能分析技术的应用,使得我们能够实时监控仓库内的物品和人员活动,及时发现异常行为,大大提高了安全管理的效率和准确性。此外,依托于云计算和大数据技术,仓储安全管理正在向智能化和自适应化方向发展。通过对大量历史数据的学习和分析,安全管理系统能够自动调整监控策略、预测安全风险,甚至在某些情况下自主决策。这不仅大大减轻了管理者的负担,也使得安全管理更加精准和高效。然而,增加科技含量并不意味着可以完全依赖技术手段。人的因素仍然至关重要。技术只是一种工具,如何正确使用这种工具,还需要依赖于管理者的决策和员工的执行力。因此,未来的仓储安全管理将更加注重人机结合,充分发挥人的智慧和技术的优势,共同提高仓储安全水平。

二、仓库消防

(一)火源的种类

火灾的发生,本质上是因为火源与可燃物质接触并引发燃烧。火源可以分为直接火源和间接火源两类。直接火源主要是指明火、火星、电火花等可见的、直接的点火源。例如,烟蒂未熄灭、焊接作业、燃烧的蜡烛等都可能成为直接火源。这些火源与可燃物质接触,如果条件适宜,就有可能引发火灾。对于直接火源的预防,重点在于严格控制火源,避免其与可燃物质接触。例如,仓库内严禁吸烟、禁止明火,对焊接等可能产生火花的作业进行严格管理和控制。间接火源则是指那些不易被直接察觉的、潜在的点火源。例如,过热设备、电热器、自燃物质等都可能成为间接火源。这些火源可能在不经意间引发火灾,因此对它们的预防需要更加细致和深入。例如,对仓库内的电气设备进行定期检查和维护,确保其正常运行且温度适中;对可能自燃的物质进行妥善保管,避免其与空气接触发生氧化反应等。

除此之外,还需要关注到仓库内部的布局和设计。合理的布局能够有效地降低火灾发生的可能性,提高火灾发生时的疏散效率。例如,仓库内应设置合理的防火分区,将火源与可燃物质进行隔离;仓库内的货物应按照性质进行分类存放,避免不同种类的货物混杂存放;仓库内的通道应保持畅通,避免杂物堆积等。

（二）消防措施

仓库作为物资存储的重要场所，其消防安全管理至关重要，构建全面且有效的消防措施是预防火灾事故、保障人员安全和物资不受损失的关键。

1. 仓库建筑设计需遵循防火规范，确保建筑结构具备良好的耐火性能

包括但不限于选用符合消防标准的建筑材料，合理规划仓库内部空间布局，设置合理的防火分区，保证疏散通道的畅通无阻，同时安装完备的自动灭火系统与消防设施设备，如烟雾报警器、自动喷水灭火系统、气体灭火系统等，以实现早期预警和快速灭火。

2. 建立健全仓库消防安全管理制度

对仓库内物品储存方式、堆放高度、间距以及易燃易爆危险品的特殊保管条件进行严格规定，并明确各岗位员工在消防工作中的职责和操作规程。定期组织全员参与的消防知识培训及应急演练，增强全体员工的消防安全意识和应对火灾的能力。再者，执行严格的火源管理和电气安全管理。严禁非生产性用火进入仓库区域，对于必需的明火作业要实行严格的审批制度和现场监督。

3. 定期检查

定期检查仓库内的电气线路、设备，确保其处于良好运行状态，防止因电气故障引发火灾。此外，建立完善的消防设施维护保养制度，定期对消防设施设备进行检查测试，确保其始终处于完好备用状态。配备充足的消防器材，并确保员工能够熟练使用，以便于在紧急情况下迅速展开初期扑救。另外，强化火灾应急预案的制定与落实，通过分析可能发生的火灾风险，设定各类火灾场景下的应急处置程序，包括启动应急预案、组织疏散、初期灭火、报警联动等方面，确保一旦发生火灾，能够在最短时间内启动应急响应，最大限度地减少火灾造成的损失。

三、仓库安全生产

（一）树立安全生产意识

树立安全生产意识是保障企业经营活动有序进行、降低安全事故风险的关键环节，它涵盖了从组织管理层面到个体行为层面的全方位认知与实践，安全生产意识的建立并非孤立的行为，而是贯穿于企业运营全过程的一种文化塑造和价值导向。

1. 战略层面

企业应将安全生产作为核心经营理念之一,纳入整体发展战略规划中。决策层需明确传达并落实安全生产的重要性,通过制定严格的安全生产政策与制度,构建完善的安全生产责任体系,并确保资源投入充足,以营造浓厚的安全生产氛围。

2. 在组织管理层面

企业需强化安全生产教育与培训工作,提升全员的安全素质。这包括定期举办各类安全知识讲座、技能培训以及应急演练活动,使全体员工充分理解各自岗位可能面临的安全生产问题,掌握必要的预防措施及应对方法。同时,鼓励员工积极参与安全生产的改进与创新,形成良好的自我约束和相互监督机制。

3. 操作执行层面

企业应重视对作业现场的严格管控,确保各项操作规程符合安全生产标准。通过实施标准化作业流程,设置明显的安全警示标识,配备必要的个人防护装备等手段,降低生产过程中潜在的安全隐患。此外,持续开展安全隐患排查治理活动,对发现的问题及时整改,防微杜渐。

(二)劳动保护制度

劳动保护,旨在改善劳动条件,提高生产的安全性,并保护劳动者的身心健康,它涵盖了一系列旨在减轻劳动强度、预防职业病和事故的措施和规定。劳动保护不仅关乎个体的权益,更是社会文明进步的体现,是构建和谐劳动关系的重要基石。劳动保护制度,作为实现劳动保护目的的规范化手段,为劳动者提供了一套全面的保障机制。这套制度的核心在于确保劳动者的安全与健康,减少劳动过程中的职业风险。它为劳动者创造了一个更为安全、健康的工作环境,使得劳动者能够更加安心、高效地投入到工作中。劳动保护制度的内容广泛而具体,包括但不限于劳动安全卫生标准、职业病防治、工伤保险等。这些规定和标准为劳动者的权益提供了明确的保障,同时也为用人单位设定了明确的责任和义务。它强调的是整体的安全意识和预防为主的原则,提倡在源头上消除或减少职业危害和事故风险。此外,劳动保护制度还包括对劳动者的培训和教育。通过培训,劳动者可以了解和掌握与自身工作相关的安全知识和技能,提高自我保护能力。同时,这也意味着用人单位有责任提供必要的安全培训,确保劳动者具备必要的安全意识和技能。为了确保劳动保护制度的实施效果,需要建立一套有效的监督机制,这包括社会监督以及用人单位内部的自我监督。通过这些监督手段,可以及时发现和纠正制度执行中的问题,不断完善和优化制度设计,确保其适应社会和经济的发展变化。

四、库区的安全管理

(一)仓储技术区的安全管理

人员的安全意识和行为对于仓储区的安全至关重要。因此,必须定期开展安全培训,确保每个员工都了解并掌握安全操作规程。此外,应定期进行安全检查,包括个人防护装备的穿戴、作业许可证的审核等,以确保员工始终遵守安全规定。而物资的安全管理涉及物资的存储、运输和处理,在存储环节,应合理规划货架布局,确保物资有序存放,避免超高、超重等问题,在运输环节,应使用合适的搬运设备,遵循人机工程学原则,降低人工搬运的风险。处理环节则需关注特殊物资的处置要求,如防潮、防火等。

作业流程的安全管理要求对每个作业环节进行细致的分析,识别潜在的风险点并采取相应的控制措施。例如,对于叉车作业,应规定明确的作业区域和交通规则,避免人机混行;对于装卸作业,应制定合理的装卸策略,减少货物倾倒的风险。在此过程中,应对各类安全事故是仓储技术区安全管理的重要环节,为此,应制定详尽的事故应急预案,包括事故报告流程、应急处置措施、人员疏散方案等。同时,应定期组织应急演练,提高员工应对突发事件的能力。此外,应建立快速响应机制,确保在事故发生时能够迅速启动应急预案,最大限度地降低事故损失。

仓储技术区的安全管理是一个持续改进的过程,通过定期的安全检查和评估,可以发现潜在的安全隐患和管理的不足之处。在此基础上,应制定针对性的改进措施并付诸实施,不断优化安全管理流程。同时,应鼓励员工积极参与安全管理,提出改进意见和建议,形成全员参与的良好氛围。为了确保仓储技术区安全管理的有效实施,必须明确各级管理人员和员工的安全职责。各级管理人员应定期检查、指导和评估安全管理工作,确保各项措施得到有效执行。

(二)库房的安全管理

库房的安全管理在整体运营中占据至关重要的地位,其中定期对库房结构状况进行细致而全面的检查是确保其稳定性和安全性的重要手段。针对可能影响库房安全的各种潜在风险因素,如地面裂缝、地基沉降、建筑结构损坏等问题,以及周边环境导致的自然灾害隐患如山体滑坡、塌方等现象,应采取严谨且高效的应对措施。

1. 建立完善的监测与维护机制

对地面细微裂缝和显著的地基沉降迹象,应及时采用专业的测量工具和技术手段进行评估分析,并结合地质勘查结果制订科学的修复方案。一旦发现建筑物主体结构存在损坏或老化情况,应当立即组织专业团队进行鉴定,必要时及时进行加固或改造,以防止因结构损坏引发的安全事故。

2. 注意地理环境对库房安全的影响

鉴于地理环境对库房安全的影响,特别是在靠近山体或其他自然地貌特征明显的区域,应加强地质灾害的风险预警与防范工作。对可能出现的山体滑坡、塌方等地质灾害迹象,要通过高精度遥感监测、现场勘查等方式进行实时监控,并依据相关预测模型和专家意见,制定相应的防护策略及应急预案。同时,配合政府部门和专业机构,积极参与地区性防灾减灾工作,最大程度降低外部环境带来的安全隐患。

3. 防水防潮处理和排水系统的畅通

库房地面及其周围区域的防水防潮层需定期检查更新,确保其有效阻挡地下水汽渗透,保护库存物资免受潮湿损害。与此同时,库房内外的排水沟必须保持无杂物堵塞,确保雨水及其他积水能够迅速排出,以防渗漏造成地基松动或局部坍塌,从而保障库房基础结构的稳定性。

(三)货物装卸与搬运中的安全管理

在货物装卸与搬运过程中,安全管理至关重要。这一环节涉及大量的人、物资和设备,操作复杂且流动性强,任何疏忽都可能导致事故发生。因此,我们必须对这一环节进行系统性的安全管理,确保人员、物资和设备的安全。

1. 明确货物的装卸与搬运的安全管理

包括人员管理、物资管理、设备管理以及作业流程管理。人员管理要求对参与装卸与搬运的人员进行资质审核和培训,确保他们具备必要的安全知识和操作技能。物资管理要求对货物进行合理的分类和标识,明确货物的安全特性,以便采取相应的防护措施。设备管理则要求对装卸和搬运设备进行定期维护和检查,确保其性能良好,防止因设备故障导致的事故。

2. 遵循一定的安全操作规程

对于货物的装卸,应遵循"安全第一,预防为主"的原则,确保人员和货物安全。在装卸过程中,应使用合适的装卸工具,避免使用有缺陷或超负荷的工具。同时,应遵循人机工程学原则,合理安排人员和货物的位置,避免因操作不当或货物失衡导致的事故。对于货物的搬运,同样需要遵循安全操作规程。应合理规划搬运路线,确保人员和货物安全通过所有通道和区域。在搬运过程中,应使用合适的搬运设备和技术,确保货物稳定且不会发生倾倒或滑落。同时,应关注货物的堆放高度和稳定性,避免因货物堆放过高或摆放不当导致的事故。此外,环境因素也是影响货物装卸与搬运安全的重要因素之一。应对不同天气、地形等环境因素进行风险评估,并采取相应的安全措施。例如,在雨天进行装卸作业时,应采取防滑措施;在夜间作业时,应保证足够的照明;在地形复杂或地面不平时,应特别注意货物的稳固性和操作的安全性。

3. 建立完善的安全管理制度和应急预案

安全管理制度应明确规定各级管理人员和员工的安全职责和操作规程,并建立相应的考核和奖惩机制。应急预案应包括事故报告流程、应急处置措施和人员疏散方案等,以便在发生事故时能够迅速启动应急响应机制,降低事故损失。同时,应定期组织应急演练,提高员工应对突发事件的能力和自我保护意识。另外,为了实现货物装卸与搬运的安全管理目标,需要各级管理人员和员工的共同努力,各级管理人员应定期检查、指导和评估安全管理工作,确保各项措施得到有效执行,员工则应认真履行安全操作规程,积极参与安全管理活动,增强自身的安全意识和技能。

五、仓库技术的安全管理

仓库技术的安全管理是一个重要而又复杂的问题,涉及企业的正常运营和财产安全。

1. 建立完善的管理体系和技术规范来确保安全操作和定期维护

建立严格的规章管理制度,包括对员工的安全培训、设备的定期检查、危险的标识与防范措施等方面做出明确规定,还要重视制定应急预案,针对可能出现的风险隐患制订相应的应对方案,提高事故预防和处理能力。

2. 加强人员培训和教育是至关重要的

对于仓库管理人员和一线工人来说,了解并遵守安全规程是非常关键的。他们应该接受专业的安全培训,熟悉消防知识、机械操作、化学品处理等方面的技能,以确保在紧急情况下能够迅速采取正确的行动。同时,管理层也应该加强对员工的监督和考核,确保每个人都明白自己的职责和责任。而且,仓库中的设备和设施众多,如叉车、货架、传送带等都是非常重要的组成部分。对这些设备进行定期的检查和维护是必不可少的,应及时发现并排除潜在的危险源。

3. 根据不同的货物类型和使用情况,合理选择合适的存储方式和搬运工具也是至关重要的

对于易燃易爆物品,应该使用安全的装卸方式以避免发生意外事故。此外,实施信息化的安全管理也是非常必要的。通过运用现代信息技术手段,我们可以实现对仓库的实时监控和数据收集分析,从而提高管理的效率和准确性。例如,利用物联网技术可以对仓库中的各类设备进行远程监控和控制,实现智能化调度和管理;利用大数据技术可以对仓库的运行数据进行深度分析和挖掘,为决策者提供更加精准的数据支持。

参 考 文 献

[1]周慧,黄朝阳,陈英慧等.仓储与配送管理[M].南京大学出版社:2017.

[2]张远昌.仓储管理与库存控制[M].中国纺织出版社,2004.

[3]真虹,张婕姝.物流企业仓储管理与实务[M].中国物资出版社,2003.

[4]王蓓彬.现代仓储管理[M].人民交通出版社,2003.

[5]周文泳.现代仓储管理[M].化学工业出版社,2010.

[6]廖建国.仓储设备全生命周期智能管理的关键技术及平台开发[J].铁路采购与物流,2021,16(02):55-57.

[7]沈航,段茹茹,陈超等.基于云平台的智能仓储告警系统[J].智能制造,2023,(06):94-97.

[8]佟伟.智能且绿色的物料搬运设备是大势所趋[J].现代制造,2023,(07):6.

[9]卢灿.自动装卸搬运机器人的制造单元建模分析[J].机械管理开发,2023,38(02):90-91,94.

[10]杨有贵.自动化集装箱码头主要搬运设备关键技术[J].中国水运,2022,(06):67-70.

[11]鲁开宇,郑涛,单郑伟.双向穿梭式货架:物流存储设备系统的分析研究[J].中国储运,2023,(11):142-144.

[12]李芸嘉.职教信息化视域下《仓储与配送管理》课程改革设计:以"出库作业管理"为例[J].物流科技,2023,46(03):165-167.

[13]汪泳,刘必庆,谢立超.基于点云技术电力物资自装卸作业研究[J].自动化仪表,2020,41(09):68-71.

[14]王玉.零售物流中心越库配送作业如何高效[J].物流技术与应用,2020,25(12):104-107.

[15]杨浩.中小型企业降低仓储成本的路径探索[J].物流科技,2022,45(16):152-155.

[16]张芳馨,孙博.作业成本法在仓储管理中的应用:以H物流公司为例[J].投资与创业,2021,32(17):194-196.

[17]郑钧雅,唐喜,张富文.装配式物流仓储不同楼盖结构体系经济效益对比

分析[J].上海建设科技,2023,(01):64-66.

[18]万玲,许序航,苏泅如等.人工智能在珠海市仓储业中的应用现状及挑战研究[J].价值工程,2023,42(30):16-18.

[19]吴忠胜.人工智能与物流管理模式的创新[J].中国航务周刊,2023,(23):55-57.

[20]李楠.人工智能技术在供应链物流领域的应用[J].电子技术与软件工程,2021,(20):146-147.

[21]杨欣,刘耀熙,赵辰.区块链技术在仓储管理教学中的设计与实践[J].软件,2022,43(10):7-10,50.

[22]张南南.利用区块链技术提升供应链物流运营效率[J].物流工程与管理,2021,43(11):69-70,74.

[23]叶杰,张圣洁,赵叶等.现代电力物资仓储"五位三段"安全管理体系[J].中国物流与采购,2023,(23):82-84.

[24]李强.虚拟仿真技术在"仓储管理"课程教学中的应用[J].无线互联科技,2021,18(19):90-91.

[25]宋侃.供应链管理环境下的库存控制研究[J].财会学习,2023,(21):149-151.

[26]郑友谊.浅析供应链模式下库存管理存在问题及解决方法[J].中国储运,2022,(06):101-102.

[27]张桦,邱雄飞,赵润泽.基于物联网技术的后方仓库管理系统建设研究[J].物联网技术,2023,13(08):95-98.

[28]王龙,吕天浩.浅谈物流仓库消防安全管理中存在的问题及解决对策[J].中国储运,2023,(04):125-126.

[29]张峰.浅析老旧厂房和仓库消防监督管理中存在的问题及解决对策[J].中国设备工程,2023,(05):16-18.

[30]马梦悦,郑敏,李百毅等.城市综合体内仓库消防检查问题研讨[J].山西建筑,2021,47(17):193-194,198.